COMMENTAIRE

DE LA LOI DU 9 JUILLET 1889

RELATIVE AU CODE RURAL

PARCOURS — VAINE PATURE

BAN DES VENDANGES

VENTE DES BLÉS EN VERT

LOUAGE DES DOMESTIQUES ET OUVRIERS RURAUX

PAR

HENRI GUERMEUR

AVOCAT A LA COUR D'APPEL DE PARIS

PARIS

SOCIÉTÉ D'IMPRIMERIE ET LIBRAIRIE ADMINISTRATIVES ET CLASSIQUES

PAUL DUPONT, Éditeur

4, RUE DU BOULOI, 4

1890

COMMENTAIRE

DE LA LOI DU 9 JUILLET 1889

RELATIVE AU CODE RURAL

———

PARCOURS — VAINE PATURE

BAN DES VENDANGES — VENTE DES BLÉS EN VERT
LOUAGE DES DOMESTIQUES ET EMPLOYÉS RURAUX

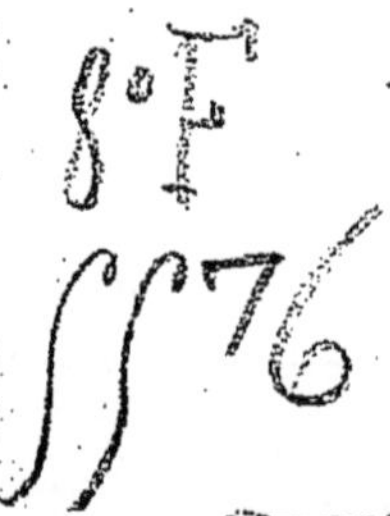

COMMENTAIRE

DE LA LOI DU 9 JUILLET 1889

RELATIVE AU CODE RURAL

PARCOURS — VAINE PATURE

BAN DES VENDANGES

VENTE DES BLÉS EN VERT — LOUAGE DES DOMESTIQUES

ET OUVRIERS RURAUX

PAR

HENRI GUERMEUR

AVOCAT A LA COUR D'APPEL DE PARIS

PARIS

SOCIÉTÉ D'IMPRIMERIE ET LIBRAIRIE ADMINISTRATIVES ET CLASSIQUES

PAUL DUPONT, Éditeur

4, RUE DU BOULOI, 4.

1890

COMMENTAIRE

DE LA LOI DU 9 JUILLET 1889

RELATIVE AU

CODE RURAL

PRÉFACE

I. — La loi du 9 juillet 1889, dont nous donnons le commentaire, a été détachée du projet de Code rural déposé au Sénat, en 1876, par le Gouvernement. Elle devait en former les titres II et III (1).

Les deux sections du titre Iᵉʳ relatives aux chemins

(1) Au Sénat, le rapport a été rédigé par M. Malens. Le vote en première délibération a eu lieu sans discussion dans la séance du 9 mars 1878 ; celui en deuxième lecture, après discours de MM. Xavier Blanc, Malens et Labiche sur l'article 5 du projet, dans la séance du 25 mai de la même année.

A la Chambre des députés, le projet est demeuré depuis 1878 jusqu'en 1889. Le changement de législature a nécessité la nomination de deux commissions et, par suite, de deux rapporteurs, MM. Casimir-Perier et Boreau-Lajanadie. Les deux votes en première et deuxième lecture ont eu lieu, sans aucune discussion, dans les séances des 11 février et 7 mars 1889.

Par suite de quelques modifications de détail, le projet a dû revenir au Sénat. Il a été définitivement adopté dans la séance du 2 juillet 1889.

La loi a été promulguée au *Journal officiel* du 10 juillet.

ruraux et aux chemins et sentiers d'exploitation, le titre complémentaire du livre Ier portant modification des articles du Code civil relatifs à la mitoyenneté des clôtures, aux plantations et aux droits de passage en cas d'enclave, ont déjà fait l'objet de trois lois en date du 20 août 1881.

Le titre VIII, relatif aux vices rédhibitoires dans les ventes ou échanges d'animaux domestiques a, également fait l'objet d'une loi qui porte la date du 2 août 1884.

La loi nouvelle comprend quatre objets différents, mais qui intéressent à des titres divers l'agriculture. Ce sont : — 1° *les droits de parcours et de vaine pâture ; — 2° les bans de vendanges ; — 3° la vente des blés en vert ; — 4° la durée du louage des domestiques et ouvriers ruraux.*

II. — De ces quatre matières, la plus importante est sans contredit celle qui a trait aux droits de parcours et de vaine pâture.

Voilà plus d'un siècle que jurisconsultes et agronomes discutent sur ces droits et ne parviennent à se mettre d'accord. Les uns en vantent les bienfaits et y voient une source de richesses pour les campagnes. Les autres au contraire les considèrent comme un fléau pour l'agriculture et leur attribuent un effet funeste et démoralisateur.

On comprend l'embarras du législateur placé entre deux opinions si contraires. D'un côté, il était obligé de reconnaître qu'il se trouvait en présence d'une dérogation manifeste au droit de propriété, et qu'à ce titre parcours et vaine pâture étaient également condamnables. Mais, d'un autre côté, ces servitudes se fondaient sur d'anciennes coutumes, sur des usages immémoriaux ; elles étaient entrées dans les habitudes des habitants de certaines contrées, et il n'est pas toujours facile, en France, de faire renoncer nos cultivateurs à leurs vieux préjugés.

L'Assemblée constituante elle-même avait reculé, en 1791, devant une mesure radicale. Elle avait déclaré que le parcours n'était maintenu que provisoirement et que la vaine pâture ne pourrait s'exercer que dans les localités où elle s'appuyait sur un titre, une coutume ou un usage immémorial (1).

Le législateur moderne a fait un nouveau pas vers l'abolition de ces droits. Mais lui aussi a reculé devant une solution définitive. Il déclare le parcours aboli. Quant à la vaine pâture, il en prononce également, en principe, la suppression, mais il accorde aux Conseils municipaux, et même à tout habitant de la commune, le droit d'en réclamer le maintien. Dans les communes

(1) Le parcours et la vaine pâture ont été supprimés en Suisse dès le commencement du xviiie siècle, et un peu plus tard en Prusse, en Suède, en Belgique, en Hollande et en Angleterre.

où elle sera maintenue, il en règlemente et en restreint l'exercice ; il l'interdit, notamment, sur les prairies naturelles.

Ces dispositions laissent le champ ouvert aux discussions. Elles les sollicitent même et les provoquent dans chacune des localités encore soumises aujourd'hui à la vaine pâture.

C'est aux Conseils municipaux maintenant à délibérer sur l'utilité que peut procurer aux habitants de leur commune l'exercice de cette servitude. S'ils la jugent profitable aux intérêts agricoles, ils doivent en demander le maintien ou, pour parler plus exactement, le rétablissement au Conseil général de leur département. Un délai d'un an leur est imparti à cet effet. A l'expiration du délai, la suppression sera définitive.

III. — L'usage du ban de vendange n'a pas été moins critiqué que le parcours et la vaine pâture.

Le seul argument sérieux que l'on ait invoqué en sa faveur est qu'il assure la bonne qualité des vins du pays où il existe.

Mais à cet argument on répond que des contrées, telles que le Bordelais, ne l'ont jamais connu, et il ne paraît pas que la réputation de ce grand vignoble en ait souffert. Et à l'encontre des vieux usages, on proclame le principe de la liberté des propriétaires, directement intéressés d'ailleurs à maintenir le bon renom des produits de leur région.

Ici encore, la loi ne s'est point arrêtée à un parti catégorique. En principe, elle abolit les bans de vendange; mais elle donne encore aux Conseils municipaux le droit d'en réclamer le rétablissement.

On sent manifestement que la suppression complète de cet usage suranné est dans les vœux du législateur, mais qu'il n'ose toutefois se mettre en contradiction avec les préjugés enracinés encore dans quelques contrées.

IV. — Soit vestige des ordonnances de l'ancien régime, soit conséquence des règles sévères édictées par la Convention pour le commerce des grains, la loi du 6 messidor an III interdisait la vente des blés en vert, c'est-à-dire des récoltes sur pied.

La jurisprudence s'était efforcée de restreindre l'application de cette prohibition dont le sens échappe aujourd'hui.

La loi en prononce l'abrogation.

V. — Enfin, dans un dernier article, elle détermine, à défaut de convention, la durée du louage des domestiques et ouvriers ruraux. Elle confirme les usages existants.

VI. — Telle est, en quelques mots, l'économie générale de la loi.

Assurément, elle constitue un progrès sur la loi de
1791, car elle affranchit, en principe du moins, la propriété de certaines servitudes ou de vieux usages qui
la gênaient et en entravaient l'exercice.

Mais beaucoup regretteront que cet affranchissement ne soit pas absolu, qu'on ait laissé la faculté de
le maintenir dans les communes qui, guidées peut-être
par un sentiment de routine, en feront la demande, ce
que l'on juge, d'une manière générale, funeste et contraire au progrès.

VII. — Comme toutes les lois nouvelles, la loi du
9 juillet 1889 a besoin d'être interprétée, éclairée par
les dispositions législatives antérieures, par les rapports des Commissions parlementaires, par les discussions auxquelles elle a donné lieu. Elle n'est pas non
plus sans présenter certaines difficultés ou lacunes :
il importe de résoudre les uns et de combler les
autres.

C'est le but que nous nous sommes proposé.

Sur chacune des questions de principe qu'elle soulève, nous nous sommes efforcé de mettre en lumière
les opinions diverses émises par des hommes compétents, écartant autant que possible notre sentiment
personnel, nous bornant seulement à rechercher les

conséquences pratiques et légales des nouvelles dispositions votées.

Notre seule ambition a été de mettre sous les yeux des maires et des Conseils municipaux, appelés aujourd'hui à donner leur avis, les pièces, pour ainsi dire, du procès, afin de leur permettre de prendre une décision en toute connaissance de cause.

EXPLICATION DES ABRÉVIATIONS

Les arrêts du Conseil d'État que nous avons cités sont extraits du recueil LEBON, continué par MM. PANHARD et HALLAYS-DABOT. Ils sont indiqués par leur date, le nom de l'affaire et la page du volume du recueil. Ainsi, Cons. d'Ét., 18 avril 1861, C^{ne} de Kœur-la-Grande, 277, signifie : Arrêt du Conseil d'État du 18 avril 1861, affaire de la commune de Kœur-la-Grande, rapporté dans la collection LEBON, volume de l'année 1861, page 277.

Les arrêts de la Cour de cassation sont extraits du *Recueil périodique* de DALLOZ. Ils sont indiqués par la désignation de la Chambre qui les a rendus (Civile ou Civ., Requêtes ou Req., Criminelle ou Crim.), par leur date, par le chiffre de l'année du volume, le numéro de la partie du volume et la page. Ainsi, Cass. Req. 28 avril 1873, D. 74, 1,174, signifie : Arrêt de la Cour de cassation du 28 avril 1873, rapporté dans le *Recueil périodique* de DALLOZ, volume de l'année 1874, 1re partie, page 174.

Il en est de même pour les arrêts de Cour d'appel.

Toutefois, pour quelques arrêts de la Cour criminelle, non rapportés dans le *Recueil* de Dalloz, nous les avons indiqués par numéro du *Bulletin criminel de la Cour de cassation* et le numéro de la page. Ainsi, Cass. Crim. 27 mai 1859, B. 139, p. 334, signifie : Arrêt de la Chambre criminelle de la Cour de cassation *Bulletin criminel*, n° 139, p. 234.

Par les mots : DALLOZ, J. G. ou même D. J. G., nous désignons le *Répertoire de jurisprudence générale* de DALLOZ.

De même, sous le nom de BÉQUET, nous désignons le *Répertoire du droit administratif* de M. Léon BÉQUET.

TEXTE DE LA LOI

[illegible]

TEXTE DE LA LOI

DU 9 JUILLET 1889

ARTICLE PREMIER. — Le droit de parcours est aboli. La suppression de ce droit ne donne lieu à indemnité que s'il a été acquis à titre onéreux. Le montant de l'indemnité est réglé par le conseil de préfecture, sauf renvoi aux tribunaux ordinaires en cas de contestation sur le titre.

ART. 2. — Est également aboli le droit de vaine pâture, s'il appartient à la généralité des habitants et s'applique en même temps à la généralité du territoire d'une commune ou d'une section de commune.

Toutefois, dans l'année de la promulgation de la présente loi, le maintien du droit de vaine pâture, fondé sur une ancienne loi ou coutume, sur un usage immémorial ou sur un titre, pourra être réclamé au profit d'une commune ou d'une section de commune, soit par délibération du Conseil municipal, soit par requête d'un ou plusieurs ayants droit adressée au préfet.

En cas de réclamation particulière, le Conseil municipal sera mis en demeure de donner son avis dans les six mois, à défaut de quoi il sera passé outre.

ART. 3. — La demande de maintien, qu'elle émane d'un Conseil municipal ou qu'elle émane d'un ou plusieurs ayants droit, sera soumise au Conseil général, dont la délibération sera définitive, si elle est conforme à la délibération du Conseil municipal. S'il y a divergence, la question sera tranchée par décret rendu en Conseil d'État.

Si le droit de vaine pâture a été maintenu, le Conseil municipal pourra seul ultérieurement, après enquête *de commodo et incommodo*, en proposer la suppression sur laquelle il sera statué dans les formes ci-dessus indiquées.

ART. 4. — La vaine pâture s'exercera, soit par troupeau séparé, soit au moyen du troupeau en commun, conformément aux usages locaux, sans qu'il puisse être dérogé aux dispositions des articles 647 et 648 du Code civil et aux règles expressément établies par la présente loi.

ART. 5. — Dans aucun cas et dans aucun temps, la vaine pâture ne peut s'exercer sur les prairies naturelles ou artificielles.

Elle ne peut avoir lieu sur aucune terre ensemencée ou couverte d'une production quelconque faisant l'objet d'une récolte, tant que la récolte n'est pas enlevée.

ART. 6. — Le droit de vaine pâture, établi comme il est dit en l'article 2, ne fait jamais obstacle à la faculté que conserve tout propriétaire, soit d'user d'un nouveau mode d'assolement ou de culture, soit de se clore. Tout terrain clos est affranchi de la vaine pâture.

Est réputé clos tout terrain entouré soit par une haie vive, soit par un mur, une palissade, un treillage, une haie sèche d'une hauteur d'un mètre au moins; soit par un fossé d'un mètre vingt centimètres à l'ouverture et de cinquante centimètres de profondeur, soit par des traverses en bois ou des fils métalliques distants entre eux de trente-trois centimètres au plus et s'élevant à un mètre de hauteur, soit par toute autre clôture continue et équivalente faisant obstacle à l'introduction des animaux.

ART. 7. — L'usage du troupeau en commun n'est pas obligatoire.

Tout ayant droit peut renoncer à cette communauté et faire garder par troupeau séparé le nombre de têtes de bétail qui lui est attribué par la répartition générale.

ART. 8. La quantité de bétail proportionnée à l'étendue du terrain de chacun est fixée dans chaque commune ou section de commune entre tous les propriétaires ou fermiers exploitants, domiciliés ou non domiciliés, à tant de têtes par hectare, d'après les règlements et usages locaux. En cas de difficulté, il y est pourvu par délibération du Conseil municipal, soumise à l'approbation du préfet.

ART. 9. — Tout chef de famille domicilié dans la commune, alors même qu'il n'est ni propriétaire ni fermier d'une parcelle quelconque des terrains soumis à la vaine pâture, peut mettre sur lesdits terrains , soit par troupeau séparé, soit dans le troupeau commun, six bêtes à laine et une vache avec son veau, sans préjudice des droits plus étendus qui lui seraient accordés par l'usage local ou le titre.

ART. 10. — Le droit de vaine pâture doit être exercé directement par les ayants droit et ne peut être cédé à personne.

ART. 11. — Les Conseils municipaux peuvent toujours, conformément aux articles 68 et 69 de la loi du 5 avril 1884, prendre des arrêtés pour réglementer le droit de vaine pâture, notamment pour en suspendre l'exercice en cas d'épizootie, de dégel ou de pluies torrentielles, pour cantonner les troupeaux de différents propriétaires ou les animaux d'espèces différentes, pour interdire la présence d'animaux dangereux ou malades dans les troupeaux.

ART. 12. — La vaine pâture établie à titre particulier sur un héritage déterminé s'exerce conformément aux droits acquis. Mais le propriétaire de l'héritage grevé peut toujours l'affranchir, soit moyennant indemnité fixée à dire d'experts, soit par voie de cantonnement.

ART. 13. — Le ban des vendanges ne pourra être établi ou même maintenu que dans les communes où le Conseil municipal l'aura ainsi décidé par délibération soumise au Conseil général et approuvée par lui.

S'il est établi ou maintenu, il est réglé chaque année par arrêté du maire.

Les prescriptions de cet arrêté ne sont pas applicables aux vignobles clos de la manière indiquée par l'article 6.

ART. 14. — La loi du 6 messidor an III, relative à la vente des blés en vert, est abrogée.

ART. 15. — La durée du louage des domestiques et des ouvriers ruraux est, sauf preuve d'une convention contraire, réglée suivant l'usage des lieux.

COMMENTAIRE

COMMENTAIRE

SECTION I

DES DROITS DE PARCOURS ET DE VAINE PATURE

§ I

CONSIDÉRATIONS GÉNÉRALES

SOMMAIRE.

1. — Généralités.
2. — Définition de la vaine pâture.
3. — Définition du parcours.
4. — Distinction entre la vaine pâture et les droits de pâturage, de vive pâture, de pacage et de panage.
5. — Origine des droits de parcours et de vaine pâture.
6. — Leur caractère juridique : controverse.
7. — Suite : ancien droit.
8. — Suite : droit moderne.
9. — Suite.
10. — Ils ne sont pas susceptibles de prescription.
11. — Ils s'éteignent par le non-usage pendant trente ans.
12. — Conséquence.

1. — Avant d'aborder le commentaire de la loi et d'étudier séparément chacune de ses dispositions, il nons paraît indispensable de définir tout d'abord ce qu'on entend par droits de parcours et de vaine pâture et de déterminer, aussi exactement que possible, l'origine, la nature, le caractère de ces droits. Ce sont là, en effet, toutes choses qui ne pourraient trouver place dans l'examen particulier de chaque article et qu'il est cependant utile de connaître si l'on veut se rendre compte de l'économie et de la portée de la loi nouvelle.

2. — La *vaine pâture*, suivant la définition d'un ancien auteur, est le droit réciproque que les habitants d'une même commune ont de faire paître leurs troupeaux ou bestiaux sur les héritages les uns des autres « où il n'y a ni semences ni fruits et qui, d'après la loi ou l'usage du pays, ne sont pas en défends » (1). Dans le droit coutumier, on disait qu'une terre était *en défens* ou *défensable* lorsque l'exercice de la vaine pâture y était, soit pour toujours, soit momentanément, prohibé.

Dans l'énumération des terrains généralement soumis à la vaine pâture, les jurisconsultes citaient : les grands chemins, les prés après la fauchaison, les guérets et terres en friche, les bois de haute futaie, les bois taillis après le quatrième ou cinquième bourgeon (2). Le mot de « vaine » se trouve ainsi justifié, puisque la vaine pâture ne comprend, en somme, que les produits de terres incultes ou dépouillées de récoltes, produits généralement sans importance et sans valeur, dont le propriétaire ne pourrait que difficilement tirer profit.

3. — Le *parcours* est le droit qui appartient aux habitants de deux communes, au moins, de conduire, après

(1) BRILLON, *Dictionnaire des arrêts*, v° PATURAGE, n° 6.
(2) Voir *infra* n°° 25 et 37.

l'enlèvement des récoltes, leurs bestiaux sur les terrains non clos de leurs circonscriptions respectives. Comme on le voit, le parcours qui, dans certaines régions, est encore désigné sous les noms d'*entrecours* et de *marchage*, n'est autre chose que la vaine pâture exercée respectivement par les habitants de deux ou plusieurs communes. Il n'existe qu'à la condition d'être réciproque : cette réciprocité constitue même son caractère essentiel, à tel point que la jurisprudence a admis que si le parcours devenait impossible sur le territoire d'une commune qui y était soumise, il cessait, par cela même, à l'égard des autres communes qui en étaient à la fois les bénéficiaires et les débitrices (1).

4. — Il importe de distinguer bien nettement la vaine pâture de certains autres droits de jouissances communes avec lesquels on la confond très souvent : tels sont, par exemple, les droits de pâturage, de vive pâture, de panage ou de pacage.

Le *pâturage* est le droit, pour les habitants d'une commune ou d'une section de commune, d'envoyer leurs troupeaux soit sur les *communaux* du lieu de leur résidence, soit sur ceux des lieux voisins. Tandis que la vaine pâture n'a lieu que sur les terrains dépouillés de leurs fruits, le pâturage s'exerce sur toutes terres ; il absorbe tous les fruits d'un fonds, il en tire toute l'utilité possible au point de vue de la nourriture des bestiaux.

On appelle *vive ou grasse pâture* la faculté pour un ou plusieurs particuliers, pour une commune ou section

______

(1) Cass. ch. réun., 1er juin 1838, DALLOZ, *J. G.*, vo COMMUNE, no 795, en note.

de commune, d'envoyer leurs bestiaux sur des terrains appartenant à autrui. Ce droit ne s'exerce en général qu'en vertu d'un titre et selon ce titre. Il se distingue du pâturage proprement dit en ce qu'il s'exerce sur des fonds autres que les communaux, et de la vaine pâture en ce qu'il ne comporte aucun caractère de communauté ou de réciprocité et en ce que son étendue est nécessairement plus restreinte. Le plus souvent, ce droit absorbe tous les fruits des terres qui en sont grevées : mais parfois il consiste uniquement à faire paître les secondes herbes (1).

Le *pacage* s'entend de la dépaissance dans les forêts de bêtes aumaillés (gros bétail à cornes, bœufs, vaches, veaux, taureaux) et chevalines ; il ne comprend ni les chèvres ni les moutons, à la distinction du pâturage qui s'exerce également dans les forêts aux époques et conditions déterminées par le Code forestier.

Le *panage*, appelé parfois aussi *paisson,* s'entend du parcours des forêts par les porcs qui viennent s'y nourrir de glands ou de faînes. Dans les forêts composées exclusivement de chênes, le panage prend, en général, le nom de *glandée ;* dans certaines contrées toutefois ce mot désigne toute dépaissance par les porcs. Lorsqu'il est réstreint à la perception des faînes, le panage prend le nom de *faînée.*

Notons dès maintenant, sauf à y revenir ultérieurement, que la loi du 9 juillet 1889 ne s'occupe que des droits de parcours et de vaine pâture seulement : elle laisse en dehors de ses dispositions les droits de pâturage, de vive pâture, de pacage, de panage, ainsi que tous les autres droits relatifs à des jouissances communes qui n'ont avec ceux-ci que de lointaines

---

(1) MERLIN, *Répertoire,* vᵒ VAINE PATURE, § 2.

analogies, tels que les droits de fanage, de glanage, de grappillage, etc.

5. — Quelle est l'*origine des droits de parcours et de vaine pâture?* La question offre à la fois un intérêt historique et pratique.

Dans les temps primitifs, aux temps de la vie pastorale, il est probable que les bestiaux, appartenant à des peuples errant incessamment de contrée en contrée, ne pouvaient chercher leur nourriture que dans les productions naturelles de la terre. La propriété individuelle n'existait pas et chaque troupeau, sous la garde de son conducteur, s'arrêtait sur les terres les plus riches et les plus fécondes (1). On trouverait encore de nos jours dans les tribus nomades du nord de l'Afrique des vestiges de ces temps primitifs.

Lorsque les sociétés se sont développées, l'industrie agricole a pris naissance, la propriété individuelle s'est établie, et les habitudes pastorales ont dû cesser ou se modifier. Mais si les troupeaux ont cessé d'errer indéfiniment à la suite de leurs propriétaires, plusieurs raisons s'opposaient à ce qu'ils restassent cantonnés sur un terrain particulier appartenant à un propriétaire déterminé, avec défense de pénétrer sur le champ voisin. Tout d'abord, en effet, en Gaule, par exemple, dans les premiers temps de la monarchie franque, les champs ne contenaient ni bornes ni clôtures; de plus, les terres labourées étaient rares; presque tous les fonds étaient en friche ou consistaient en forêts.

(1) Sæpe diem, noctemque, et totum ex ordine mensem
     Pascitur; itque pecus longa in deserta sine ullis
     Hospitiis; tantum campi jacet.
                                   (VIRGILE, *Georg.*, liv. 3.)
Voir LEPASQUIER, *Législation sur la vaine pâture.*

Plus tard, il est vrai, la propriété se resserra, les habitants s'agglomérèrent dans des bourgades, la commune apparut. Mais à ce moment, comme le fait observer Dalloz, les habitants de ces bourgades avaient à se défendre et à défendre leurs troupeaux, qui formaient toute leur fortune, et contre les bêtes féroces dont les forêts étaient peuplées, et contre les malfaiteurs, et contre les agents du régime féodal, aussi dangereux que les bêtes fauves. « Cette nécessité de la défense a dû faire naître la pensée de réunir les troupeaux et de les placer sous la garde d'un pâtre commun. En effet, il était facile d'enlever une vache ou quelques moutons gardés par une femme ; mais quand le troupeau était réuni en masse et surveillé par un berger et ses chiens, et qu'en cas de méfait sur le troupeau commun, on avait à lutter contre l'autorité municipale, quelque peu développée qu'elle fût encore, il y avait là une force que l'on n'osait pas affronter, parce qu'alors on s'attaquait à une commune entière. En outre, les limites des bourgs et des communes n'étaient pas plus déterminées que les propriétés particulières ; les cultivateurs étaient exposés à des procès et avec les habitants des communes voisines, et surtout avec le seigneur, sur les propriétés duquel les troupeaux se transportaient. Le mélange de ces divers territoires enclavés les uns dans les autres rendait indispensable une espèce d'association entre les communes, qui trouvaient par là le moyen de se protéger mutuellement contre les forces qui luttaient contre elles (1). »

Ainsi, défaut de délimitation des communes et des propriétés particulières, nécessité de se réunir pour lutter avec plus de chances de succès contre l'arbi-

______

(1) Dalloz, J. G. v° Droit rural, n° 28.

traire et les déprédations des seigneurs féodaux, un reste aussi peut-être des anciennes coutumes pastorales : tel paraît bien être l'origine de nos droits de parcours et de vaine pâture.

Mais les difficultés qui les ont fait adopter ne se sont pas présentées partout avec la même force et la même intensité ; la lutte entre les communes et la féodalité a été plus ou moins vive suivant les pays. C'est ce qui explique pourquoi ces droits ne se retrouvent pas dans toutes les coutumes ; toutes les communes n'ont pas eu besoin d'y avoir recours.

Lorsque ces causes eurent disparu, les droits de parcours et de vaine pâture étaient enracinés dans les pays qui les avaient reconnus, et ils subsistèrent. On n'y vit plus que des usages ruraux analogues à d'autres usages, tels que le glanage, tolérés grâce à des sentiments d'humanité et de bon voisinage, et aussi peut-être parce qu'à cette époque et à la manière dont ils s'exerçaient, ils ne causaient aucun dommage appréciable à l'agriculture. Et c'est ainsi qu'en se plaçant à une époque relativement récente, M. Pardessus a pu dire que « l'origine de la vaine pâture peut être attribuée à un consentement des propriétaires d'une même commune, pour leur commodité respective, peut-être aussi à l'intérêt qu'inspiraient les besoins du pauvre (1). »

Mais peu à peu, lorsque l'industrie agricole s'est développée, on s'est aperçu qu'ils constituaient une dérogation au principe de la propriété. Certains édits du siècle dernier les signalent déjà comme « formant le plus grand obstacle à l'amélioration des terres, à l'établissement des haras et à la possibilité d'élever

(1) Pardessus, *Des Servitudes*, I, p. 510.

des bestiaux de bonne espèce », et prononcent l'abolition du parcours dans plusieurs provinces (1). D'autres restreignent la vaine pâture en rendant aux propriétaires la faculté de se clore et en déclarant que la clôture les affranchira désormais de la servitude, nonobstant « toutes lois, coutumes, usages et règlements au contraire (2). »

Nous verrons, en étudiant les articles 1 et 2 de la loi, quelle a été, sur ce point, l'œuvre de la Constituante et quels sont aujourd'hui les sentiments exprimés par les jurisconsultes et agriculteurs sur l'exercice de ces droits.

6. — Ces notions historiques, quoique sommaires, vont nous permettre de préciser *la nature et le caractère juridique des droits de parcours et de vaine pâture.* Les jurisconsultes sont loin, en effet, d'être d'accord sur ce point.

Les uns, comme Proudhon, y voient un *droit de communauté.* « Le droit de vaine pâture, dit il, activement considéré, est un véritable droit de communauté, puisqu'il appartient à tous les habitants du lieu, comme habitant la commune, et que, passivement considéré, il est aussi une charge commune, puisqu'il pèse indistinctement sur les fonds de tous, après la récolte des fruits ; qu'ainsi, sous ce double rapport, il est différent d'un droit de servitude, qui ne serait établi qu'en-

---

(1) Edit de mai 1769 concernant la Champagne ; de mai 1771 concernant le Hainaut et la Flandre.

(2) Edit de juillet 1768 concernant la Franche-Comté ; de février 1770, pour le Béarn ; d'août 1771, pour l'Auxerrois, le Mâconnais, Bar-sur-Seine ; édits de mai 1769 et mai 1771 susmentionnés.

Voir à ce sujet JOUSSELIN, *Servitudes d'utilité publique*, I, p. 367 ; — CURASSON, sur Proudhon, *Droits d'usage*, I, p. 159.

tre particuliers, ou qui ne porterait que sur un fonds
déterminé (1). »

D'autres, au contraire, n'y voient qu'une simple *faculté ou tolérance* de la part des propriétaires. A l'appui de leur opinion, ils invoquent l'autorité de Dunod.
« Il y a, dit cet auteur, en parlant des choses impres-
criptibles, une autre faculté qui vient de la chose et
qui consiste à en user, lorsqu'en le faisant l'on ne fait
aucun ou peu de préjudice à celui à qui elle appartient. C'est un reste de l'ancienne communion des
biens, qui est fondée d'ailleurs sur l'humanité et l'a-
vantage de la société des hommes. Le vain pâturage
que les communautés exercent dans leurs terrritoires
sur les terres en friche et sur les héritages des particuliers du lieu, après les fruits levés, paraît être de
cette nature. Il est utile à ces communautés, et il ne
fait pas de préjudice à ces propriétaires qui ont cessé
de cultiver leurs héritages, ou qui ont abandonné les
fruits qui peuvent y croître. Mais ce vain pâturage
n'acquiert pas de *droit*, et ne donne pas lieu à la prescription, parce qu'il n'est pas exercé *pro suo et opi-
nione domini,* dans l'intention d'user d'une servitude :
il ne forme pas une possession valant saisine, comme
le dit Coquille ; l'on n'en use que par faculté et par la
permission tacite du propriétaire; *fas est, jus non
est* (2). »

D'autres enfin les considèrent comme une véritable
servitude établie dans un but d'utilité publique et soumise aux règles ordinaires qui régissent les servitudes.

7. — La raison de cette divergence d'opinions se
trouve dans l'ancien droit. Dans l'ancienne France, en

---

(1) Proudhon, *Traité des droits d'usage,* éd. Curasson, t. VI, p. 540.
(2) Dunod, *Traité des prescriptions,* part. I, ch. 12, p. 81.

effet, et cela tient, nous l'avons vu, à leur origine même ; les droits de parcours et de vaine pâture ne se sont pas établis de la même manière et suivant des règles uniformes.

Dans les pays de droit écrit, le vain pâturage était, comme sous la législation romaine, purement précaire, quand il n'avait pas été concédé en vertu d'un titre régulier et à perpétuité : dans ce dernier cas seulement, il constituait une servitude.

Dans les pays de droit coutumier, les coutumes se partageaient sur ce point en plusieurs classes. Les unes, comme celles de Bretagne (art. 393), de Lorraine (tit. 14, art. 23 et 24), d'Épinal (tit. 10, art. 25 et 26), d'Orléans (art. 155), de Blois (art 214), du Nivernais (ch. 10, art. 26), de Troyes (art. 168), de Chaumont (art. 102), etc., ne permettaient la vaine pâture qu'avec le consentement des propriétaires. D'autres, comme celles d'Auxerre (art. 261), de Sens (art. 147), de Melun (art. 302), du Berri (tit. 10, art. 6), du Bourbonnais (art. 525), obligeaient le propriétaire de la souffrir tant qu'il ne mettait pas ses propriétés en défense au moyen de clôtures et n'exceptaient en sa faveur que le cas où il justifiait d'une possession immémoriale du contraire. D'autres enfin érigeaient la vaine pâture en servitude générale et décidaient que, dans leur territoire, tout propriétaire était obligé de laisser ses héritages librement accessibles aux troupeaux d'autrui ; en général, les biens nobles étaient affranchis de cette charge : telles les coutumes du Poitou (art. 193 et suiv.), du Bourbonnais (art. 131 et 132), etc. (1).

8. — A notre avis, dans le droit moderne, en pré-

(1) Voir MERLIN, *Répertoire*, v° VAINE PATURE, § 1.

sence des termes de l'article 2 de la loi des 28 septembre-6 octobre 1791, il nous paraît difficile de considérer les droits de parcours ou de vaine pâture autrement que comme une *servitude légale* grevant les fonds qui y sont soumis dans un but d'utilité publique et communale. Cet article est, en effet, ainsi conçu : « La servitude réciproque de paroisse à paroisse connue sous le nom de parcours et qui entraîne avec elle le droit de vaine pâture continuera provisoirement d'avoir lieu..., lorsque cette servitude sera fondée sur un titre ou sur une possession autorisée par les lois ou coutumes. » Telle paraît être aussi la doctrine du Code civil, qui s'occupe du parcours et de la vaine pâture dans le titre consacré aux servitudes, sous l'article 648 (1).

On fait, il est vrai, deux objections:

1° Une servitude, dit-on, suppose nécessairement un fonds dominant et un fonds servant. Or, ici, nul héritage ne peut se dire dominant ou servant; aucun n'est plus chargé que l'autre. En ajoutant au mot « servitude » l'expression « réciproque », le législateur a montré clairement qu'il y avait là plutôt une association et une communauté de pâturage qu'une servitude véritable. A l'appui de cette thèse, on invoque deux arrêts de la Cour de cassation des 16 et 30 décembre 1841. On ajoute enfin que le droit de servitude, tel qu'il est défini par le Code civil, affecte le fonds sur lequel il frappe, qu'il en altère la valeur entre les mains du propriétaire, tandis que les droits de parcours et de vaine pâture ne s'attachent pas au fonds lui-même et n'engendrent aucun droit réel (2).

---

(1) Voir le texte de cet article, *infrà*, n° 38 en note.
(2) DALLOZ, *J. G.*, v° DROIT RURAL, n° 30 ; — JAY et ROBERT, *Traité de la vaine pâture*, n° 3.

Sans doute, l'existence d'une servitude implique l'idée d'une utilité établie sur un fonds dit servant au profit d'un autre fonds appelé dominant. Mais y a-t-il un principe de droit qui s'oppose à ce que l'utilité soit réciproque, et que deux fonds soient tour à tour servant et dominant à l'égard l'un de l'autre? Nous ne voyons pas pourquoi une servitude perdrait son caractère par cela seul qu'elle est réciproque. Et il nous semble difficile de nier que les droits de parcours et de vaine pâture ne constituent véritablement une servitude au moment où ils s'exercent : chaque fonds soumis à ces droits supporte en effet une charge qui profite à d'autres propriétaires et qui diminue l'exercice du droit de propriété. Or, ce sont bien là les signes distinctifs des servitudes d'après l'article 637 du Code civil. « Une servitude est une charge imposée sur un héritage pour l'usage et l'utilité d'un héritage appartenant à un autre propriétaire. » Quant aux deux arrêts de la Cour de cassation que l'on invoque, ils sont loin, lorsqu'on étudie leurs termes de près, d'avoir le sens qu'on leur donne; s'ils disent, dans un de leurs considérants, que « le parcours et la vaine pâture sont une société et communauté de pâturages », un peu plus loin, dans le même considérant, ils parlent des héritages grevés de cette « servitude » (1).

(1) « Attendu que le parcours et la vaine pâture sont une société et communauté tacites de pâturages ; qu'ils modifient le droit absolu de propriété, puisque le Code rural n'accorde à tout propriétaire la liberté de faire pâturer exclusivement ses troupeaux sur ses terres qu'à la charge d'observer les dispositions qu'il contient relativement au parcours et à la vaine pâture, et veut que les héritages grevés de cette servitude ne puissent en être affranchis que par la clôture. » (Cass. ch. crim., 16 déc. 1841.)

« Attendu que le parcours et la vaine pâture constituent une communauté tacite de pâturages sur les propriétés ouvertes; que l'article 13 de la section 4 de la loi de 1791 chargeant les Conseils mu-

2° En second lieu, dit-on, l'article 4 de la loi de 1791 a implicitement aboli la servitude légale de vaine pâture en permettant à tout propriétaire grevé de se clore, nonobstant toutes lois et coutumes contraires : or, la clôture rend impossible l'exercice de la servitude légale.

L'objection est spécieuse. Assurément, la loi de 1791 donne à tout propriétaire le droit de se clore et de s'affranchir ainsi, par le seul fait de sa volonté, de la charge qui grève sa propriété, mais il n'en résulte pas que la loi ait entendu abolir les droits de parcours et de vaine pâture en tant que servitudes. Elle s'est bornée simplement, dans le but de protéger l'agriculture, à restreindre leur étendue et à édicter un mode d'extinction qui leur est particulier. Ses prescriptions ne sauraient modifier en rien le caractère juridique de ces droits.

9. — Remarquons d'ailleurs que la seule question discutée est celle de savoir si le parcours et la vaine pâture affectent le caractère de servitude légale lorsqu'ils dérivent d'une loi, d'une coutume ou d'un usage immémorial.

Lorsqu'ils sont fondés sur un titre, tout le monde est d'accord pour reconnaître qu'ils constituent des *servitudes conventionnelles*.

10. — Ce n'est pas seulement au point de vue théorique qu'il était intéressant de rechercher le caractère

nicipaux de fixer la quantité de bétail que chaque propriétaire du territoire aura la faculté d'en faire profiter, d'après le nombre d'hectares de terrain qui lui appartiennent, il s'ensuit que les délibérations qui règlent cet objet sont tout aussi obligatoires pour les possesseurs et les fermiers eux-mêmes des héritages grevés de cette servitude que pour les autres habitants de la commune. » (Cass. ch. crim., 30 déc. 1841.)

2.

légal des droits de parcours et de vaine pâture. La question offre encore un intérêt pratique considérable.

Etant admis, en effet, que ces droits constituent de véritables servitudes, nous ne pouvons les ranger que parmi les *servitudes discontinues*. Or, d'après l'article 691 du Code civil, « les servitudes continues non « apparentes et les servitudes discontinues, apparentes « ou non apparentes, ne peuvent s'établir que par « titres. La possession immémoriale ne suffit pas pour « les établir, sans cependant qu'on puisse attaquer « aujourd'hui les servitudes de cette nature déjà ac-« quises par la possession dans les pays où elles pou-« vaient s'acquérir de cette manière ».

Ainsi, depuis la promulgation du Code civil, aucun droit de parcours et de vaine pâture n'a pu s'établir en France par *prescription*, si longue et persistante qu'ait pu en être la possession (1).

Rapprochons cette solution des articles 2 et 3 de la loi de 1791 qui décident que le droit de parcours « continuera provisoirement d'avoir lieu.... lorsque « cette servitude sera fondée sur un titre ou sur une pos-« session autorisée par les lois et les coutumes : à tous « autres égards elle est abolie » et que « le droit de vaine « pâture dans une paroisse accompagné ou non de la « servitude de parcours ne pourra exister que dans des « lieux où il est fondé sur un titre particulier ou auto-

----

(1) Cass. Req., 11 février 1874, D. 74, 1, 284 ; — Amiens, 25 juin 1825 ; Cass. Req., 6 janv. 1852. — BÉQUET, v° COMMUNE, n° 2378. M. Béquet fait observer que lorsqu'elle est jointe à d'autres actes de jouissance, tels que l'extraction de matériaux, et à l'établissement de chemins, la vaine pâture peut constituer une possession non précaire et autoriser l'action en complainte. Ce n'est pas d'ailleurs l'exercice de la vaine pâture qui fait prescrire en ce cas, mais seulement les autres actes de jouissance qui lui sont concomitants. (*Eod.*, n° 2379. Cass. 20 mai 1851.)

« risé par la loi ou par un usage local immémorial », et nous en arrivons alors à constater que seuls les droits de parcours et de vaine pâture qui s'exerçaient déjà en France au moment de la loi de 1791 et qui n'ont pas été abolis par cette loi peuvent encore subsister aujourd'hui. Il n'a pu en naître de nouveaux.

11. — De leur caractère de servitude, nous déduirons encore que ces droits ont pu s'éteindre par le *non usage pendant trente ans*, et que ces trente ans ont commencé à courir du jour où l'on a cessé d'en jouir (articles 706 et 707 du Code civil). Et cela, nonobstant toute disposition contraire qui pourrait se trouver soit dans les titres constitutifs, soit dans les anciennes coutumes.

Mais il suffirait évidemment, pour que les droits soient conservés à l'égard de tous, qu'ils aient été exercés par un ou plusieurs particuliers. Ce n'est qu'à partir du moment où la généralité des habitants a cessé d'envoyer paître ses troupeaux que le propriétaire du fonds grevé de la servitude peut commencer à prescrire.

De même, la prescription n'a lieu qu'à l'encontre de la généralité des habitants, et non à l'encontre d'habitants déterminés. Ainsi, le propriétaire d'un fonds soumis à la vaine pâture ne pourrait opposer la prescription à un habitant qui, pendant trente ans, aurait négligé d'exercer son droit : la jouissance des autres habitants a suffi pour empêcher la prescription ; la commune elle-même ne pourrait prétendre que le droit est éteint contre l'habitant négligent (1).

12. — Il résulte de ce qui précède, et l'observation

______

(1) BÉQUET, v° COMMUNE, n° 2390 et suiv.

présente un certain intérêt au point de vue de la loi
nouvelle, que pour connaître les droits de parcours et
de vaine pâture qui subsistent encore légalement en
France, il faut nécessairement remonter au delà de
1791. Depuis cette époque, les droits alors existants
ont pu s'éteindre par suite de prescription; mais, nous
le répétons, aucun nouveau n'a pu être créé.

§ II

SUPPRESSION DES DROITS DE PARCOURS ET DE VAINE PATURE

SOMMAIRE.

Texte des articles 1, 2 et 3.
13. — Historique des discussions auxquelles ont donné lieu
les droits de parcours et de vaine pâture; loi
de 1791.
14. — Suite: de 1791 à 1856.
15. — Suite: discussions du projet de 1856.
16. — Suite: divergence entre les jurisconsultes et les agronomes.
17. — Suite: discussion au Sénat en 1878.
18. — Système adopté.
19. — Critiques qu'on peut lui adresser.
20. — Suite.
21. — Suite.
22. — Conséquences juridiques de la suppression du parcours.
23. — Suppression de la vaine pâture.
24. — Étendue de la suppression: vaine pâture établie à
titre particulier sur un héritage déterminé.
25. — Suite: pâturage et vive pâture.
26. — Suite: vaine pâture s'exerçant par pure tolérance des
propriétaires.

ARTICLE PREMIER.

Le droit de parcours est aboli. La suppression de ce droit ne donne lieu à indemnité que s'il a été acquis à titre onéreux. Le montant de l'indemnité est réglé par le Conseil de préfecture, sauf renvoi aux tribunaux ordinaires en cas de contestation sur le titre.

ART. 2.

Est également aboli le droit de vaine pâture s'il appartient à la généralité des habitants et s'applique en même temps à la généralité du territoire d'une commune ou d'une section de commune.

Toutefois, dans l'année de la promulgation de la présente loi, le maintien du droit de vaine pâture, fondé sur une ancienne loi ou coutume, sur un usage immémorial ou sur un titre, pourra être réclamé au profit d'une commune ou d'une section de commune, soit par délibération du Conseil municipal, soit par requête d'un ou plusieurs ayants droit adressée au préfet.

En cas de réclamation particulière, le Conseil muni-
cipal sera mis en demeure de donner son avis dans les
six mois; à défaut de quoi il sera passé passé outre.

Art. 3.

La demande de maintien, qu'elle émane d'un Con-
seil municipal ou qu'elle émane d'un ou plusieurs
ayants droit, sera soumise au Conseil général, dont la
délibération sera définitive si elle est conforme à la
délibération du Conseil municipal. S'il y a divergence,
la question sera tranchée par décret en Conseil d'État.

Si le droit de vaine pâture a été maintenu, le Con-
seil municipal pourra seul ultérieurement, après en-
quête DE COMMODO ET INCOMMODO, en proposer la suppres-
sion, sur laquelle il sera statué dans les formes ci-des-
sus indiquées.

13. — Depuis longtemps déjà, les droits de parcours
et de vaine pâture font l'objet des discussions les plus
vives. S'ils ont des détracteurs acharnés, ils ont trouvé
aussi des défenseurs convaincus; mais, il faut bien le
dire, les premiers sont de beaucoup les plus nombreux.
Nous avons vu (*suprà* n° 5) les critiques se faire
jour vers la fin du siècle dernier et un édit de 1768
constater, en quelque sorte officiellement, que le parcours constituait le plus grand obstacle aux améliora-
tions agricoles.

Lors de l'examen par l'Assemblée constituante du
projet du Code rural, en 1790, les critiques se mul-
tiplièrent, et la question de la suppression absolue
des droits de parcours et de vaine pâture fut forte-
ment agitée. Heurtault-Lamerville, le premier rapporteur du projet, les dépeint comme un fléau de l'agri-

culture, une source d'abus redoutables et une dérogation au principe du droit naturel et constitutionnel de
la propriété (1). Cependant, les législateurs de cette
époque qui ont abordé si résolument tant d'autres ré-
formes importantes ont reculé devant une suppression
radicale. Ils ont pensé qu'une suppression trop brusque
d'usages depuis longtemps invétérés dans certaines
contrées pourrait amener des perturbations fâcheuses
dans les habitudes agricoles, qu'il valait mieux pro-
céder avec lenteur. Ils ont cru que l'on parviendrait
peu à peu à détruire ces usages, à en modérer l'étendue,
à en atténuer les mauvais effets ; et, dans cette pensée,
ils se sont contentés d'interdire la création de nouveaux
droits et d'accorder à tout propriétaire la faculté d'é-
chapper aux conséquences des droits déjà existants en
faisant clore sa propriété, ce qui avait été jusque là
interdit par un certain nombre de coutumes. Mais tout
cela, dans leur intention, ne devait être que provisoire : la solution définitive devait être donnée dans
le Code rural nouveau dont on annonçait déjà le
vote.

Voici, en effet, le texte des articles 1, 2 et 3 de la
section IV de la loi des 28 septembre, —6 octobre 1791,
que nous croyons intéressant de rapprocher des deux
premiers articles de la loi nouvelle :

« Art. 1. — Tout propriétaire est libre d'avoir chez
« lui telle quantité et telle espèce de troupeaux qu'il
« croit utile à la culture et à l'exploitation de ses
« terres, (2) et de les y faire pâturer exclusivement,

____

(1) Rapport de HEURTAULT-LAMERVILLE, *Pr. verb. de l'Ass. const.*,
t. XXVIII, séance du 29 août 1760, p. 7.

(2). Des règles contraires paraissent avoir existé dans quelques
anciennes coutumes. Voir ARDANT, *Projet de Code rural*, p. 203 ;
de CHAMPAGNY, *De la Police rurale*, I, p. 97.

« sauf ce qui sera réglé ci-après, relativement au par-
« cours et à la vaine pâture.

« Art. 2. — La servitude réciproque de paroisse à
« paroisse, connue sous le nom de parcours, et qui
« entraîne avec elle le droit de vaine pâture, continuera
« provisoirement d'avoir lieu avec les restrictions
« déterminées à la présente section, lorsque cette ser-
« vitude sera fondée sur un titre ou sur une possession
« autorisée par les lois et les coutumes ; à tous au-
« tres égards elle est abolie.

« Art. 3. — Le droit de vaine pâture dans une pa-
« roisse, accompagné ou non de la servitude du par-
« cours, ne pourra exister que dans les lieux où il est
« fondé sur un titre particulier, ou autorisé par la loi,
« ou par un usage local immémorial, et à la charge que
« la vaine pâture n'y sera exercée que conformément
« aux règles et usages locaux qui ne contrarieront
« point les réserves portées dans les articles suivants
« de la présente section. »

Ainsi, en résumé, le parcours est maintenu provisoirement, mais seulement dans les localités où il
existe en vertu d'un titre ou d'une possession légitime,
c'est-à-dire reconnue par la loi ou la coutume du pays :
la vaine pâture ne subsiste également que dans les cas
où elle se fonde sur un titre particulier, sur une loi ou
sur un usage local immémorial. Dans tous les autres
cas, ces deux droits sont abolis.

14. — Depuis la loi de 1791, la question de la suppression ou du maintien du parcours et de la vaine
pâture n'a, pour ainsi dire, cessé de figurer à l'ordre
du jour des assemblées législatives.

Dès 1793, la Convention nationale s'en préoccupait,
et elle insérait dans l'article 5 de la section IV du dé-

cret-loi du 10 juin 1793 la disposition suivante : « La
« Convention n'entend rien préjuger par le présent
« décret sur les parcours et la vaine pâture dans les
« lieux ou ils sont autorisés par les lois ou les usages ;
« elle renvoie à son comité d'agriculture pour lui faire
« incessamment un rapport à ce sujet. » Ce rapport ne
fut pas d'ailleurs déposé.

La question fut reprise sans plus de succès en
l'an VIII devant le Corps législatif ; en 1807 et 1810,
lors du dépôt du projet de Code rural annoncé par
l'Assemblée constituante ; en 1836, devant la Chambre
des députés sur la proposition de M. de Magnoncour;
enfin, en 1854, lors de l'élaboration d'un nouveau Code
rural. A ce moment, les Commissions consultatives
des départements furent appelées à donner leur avis.
Soixante-dix-sept départements réclamèrent la suppression absolue des droits de parcours et de vaine pâture ;
onze seulement en demandèrent le maintien, et encore
sous certaines conditions.

15. — Il nous serait difficile, au milieu des opinions
si diverses qui se sont produites au sujet de l'*utilité du
maintien ou de la suppression* de ces droits, d'exprimer
un avis personnel. Nous ne pouvons à cet égard qu'a-
vouer notre incompétence, et nous préférons nous
borner à reproduire les observations les plus remar-
quables auxquelles a donné lieu l'examen du projet de
1854, ainsi que la discussion de la loi de 1889.

La Commission de Douai, partisan du maintien des
droits, écrivait : « Dans les contrées où, comme la
nôtre, les propriétés sont très divisées, si la vaine pâture est absolument interdite, il faut interdire au troupeau de chaque propriétaire ou fermier l'accès même
de ses terres après chaque récolte, et de ses prairies

artificielles après les différentes coupes ; ou bien il faudra des surveillants pour empêcher que ces bestiaux, en traversant les champs d'autrui, n'en mangent l'herbe. Dans l'un et l'autre cas, il deviendra impossible d'élever, surtout des moutons, que la vaine pâture nourrit à peu près trois mois de l'année. En peu de temps, le nombre de ces animaux serait de beaucoup diminué, le prix des laines augmenté de moitié et la terre serait privée de l'un des meilleurs engrais. La commission pense donc que la vaine pâture doit être permise sur les chemins et autres terres incultes pour tous les bestiaux ; sur les jachères et autres terres annuellement cultivées, pour les vaches et les moutons seulement, et vingt-quatre heures après l'enlèvement total de chaque récolte. Aucun de ceux à qui ces droits seraient accordés ne pourrait le céder. Mais dans aucun temps, la vaine pâture ne pourrait être permise sur les terrains clos, sur les terrains ensemencés ou plantés et sur les prairies naturelles et artificielles. Avec ces restrictions également nécessaires, cet usage pourrait devenir aussi utile que la suppression absolue serait dangereuse (1). »

D'un autre côté, M. de Casabianca, rapporteur de la Commission du Sénat chargée de l'examen du projet de Code rural en 1856, s'exprimait ainsi : « L'abolition de la vaine pâture n'apporterait aucun changement au mode de jouissance des biens communaux et ne s'appliquerait pas aux bois domaniaux ou particuliers. Elle ne formerait point non plus obstacle à la convention que feraient entre eux plusieurs propriétaires de laisser paître leurs troupeaux sur leurs propriétés respectives. Elle enlèverait, il est vrai, au pauvre, à celui

____

(1) Jay et Robert, *Traité de la vaine pâture*, p. 24.

qui n'est ni propriétaire ni fermier, la faculté que lui concède la loi de 1791 de nourrir pendant quelques mois, dans les champs, une vache et six moutons ; mais cette faculté, est-ce un bien pour celui-là même qui l'exerce ? Elle ne lui offre qu'une ressource temporaire, insuffisante ; elle l'oblige, pendant les saisons où la vaine pâture est interdite, à entretenir ses quelques têtes de bétail aux dépens d'autrui. Elle l'excite donc au maraudage. Que la vaine pâture cesse, il prendra une terre à ferme ; il accroîtra et améliorera ses troupeaux ; il les gardera à l'étable ; il engraissera le champ qu'il aura pris à bail ; il contractera des habitudes de travail et ne traînera plus une existence nomade et misérable. Quant aux propriétaires, il est évident que cette servitude leur est plus nuisible qu'avantageuse. C'est un obstacle à la liberté des assolements, à la suppression des jachères, au développement des prairies artificielles, aux plantations. Elle empêche, dans les prairies naturelles, d'utiliser les regains, même dans les années où la sécheresse rend presque nulle la coupe du foin. Elle perd, en la foulant aux pieds, plus d'herbe qu'il n'en faudrait pour entretenir le même troupeau dans la ferme pendant une partie de l'année. Elle diminue les fumiers, conséquemment la fertilité du sol. C'est aussi une des principales causes des épizooties ; un seul animal atteint d'une maladie contagieuse la communique à tous les troupeaux de la commune. La vaine pâture pervertit les populations des campagnes, les accoutume à la fainéantise, au vol, déprave leurs mœurs par le mélange de ces jeunes bergers des deux sexes abandonnés à eux-mêmes, loin des chefs de famille, que retiennent ailleurs les occupations des labours et des récoltes (1). »

(1) Rapport de M. DE CASABIANCA, *Mon. univ.* du 20 août 1856.

16. — Il faut avouer que depuis 1856 la question n'a guère fait de progrès, et nous nous trouvons encore aujourd'hui en présence d'adversaires acharnés et de partisans inébranlables.

En général, tous les jurisconsultes sont opposés aux droits de parcours et de vaine pâture. Ils y voient une atteinte portée au droit de propriété dont il faut sans tarder affranchir le pays (1).

Quant aux agronomes, ils sont très divisés. La Société des agriculteurs de France, dont tout le monde reconnaît la haute compétence, s'est prononcée en faveur du maintien de ces droits. D'autre part, des hommes également compétents et éminents se sont nettement déclarés partisans de leur suppression absolue et les considèrent comme plus nuisibles qu'utiles à l'agriculture.

Peut-être d'ailleurs cette divergence d'opinions tient-elle à ce que les droits de vaine pâture, qui sont fondés le plus souvent sur des usages locaux et qui s'exercent suivant les coutumes locales, varient à l'infini, sinon quant à leur nature, du moins quant à leur portée et à leur étendue. Peut-être tient-elle aussi à la différence des cultures suivant les contrées : il est certain, en effet, qu'ils doivent paraître plus lourds dans les régions où les terres vides se font rares, où les propriétaires, grâce à une culture plus savante, font produire à la terre tout ce qu'elle peut donner, que dans d'autres régions où la culture intensive n'a pas encore pris un grand développement.

17. — Le projet de Code rural déposé au Sénat en 1876 par le Gouvernement, et dont la loi du 9 juillet

______

(1) Voir DALLOZ, *J. G.*, vᵒ DROIT RURAL, nᵒˢ 28 et suiv.; — JOUSSELIN, *Servitudes d'utilité publique*, I, p. 367; — etc.

dernier ne forme que les titres II et III du livre Ier, ne s'arrêtait pas à un parti définitif. Il proposait bien l'abolition absolue des droits de parcours. Mais quant aux droits de vaine pâture, il les déclarait maintenus : il donnait seulement aux Conseils généraux le droit de les supprimer sous certaines conditions (1).

La discussion de ce projet devait naturellement mettre de nouveau en lumière les divergences d'opinions que nous venons de signaler. On les voit poindre dans le rapport fait au nom de la Commission du Sénat par M. Malens (2) et dans les modifications plus ou moins heureuses que cette Commission a fait subir au projet primitif : dans son rapport au nom de la Commission de la Chambre des députés, M. Boreau-Lajanadie ne fait aucune difficulté de les avouer (3).

Les débats publics ont été assez courts. Aucune dis-

(1) Les dispositions de ce projet auxquelles nous faisons allusion étaient ainsi conçues :

« Art. 34. — Le droit de parcours est aboli. La suspension de ce droit ne donne lieu à indemnité que s'il a été acquis à titre onéreux. Le montant de l'indemnité est réglé par le Conseil de préfecture.

« Art. 35. — Le droit de vaine pâture ne peut exister que dans les lieux où il est fondé sur un titre particulier, sur une ancienne loi ou coutume ou sur un usage local immémorial.

« Il s'exerce conformément aux règles ou usages locaux, sans pouvoir déroger aux dispositions de l'article 647 du Code civil et aux articles suivants du présent Code.

« Art. 43. — Le vain pâturage peut être supprimé dans tout ou partie d'un département, les Conseils municipaux préalablement entendus, par une délibération du Conseil général approuvée par un décret rendu en Conseil d'État.

« Art. 44. — Entre particuliers, tout droit de vaine pâture fondé sur un titre est rachetable à dire d'experts, sans préjudice du droit de cantonnement, conformément aux articles 63 et suivants du Code forestier. »

(2) Rapport de M. MALENS, Sénat, 2ᵉ législature, Annexe nº 88.

(3) Rapport de M. BOREAU-LAJANADIE, Chambre des députés, 3ᵉ législature, Annexe nº 2608.

cussion n'a eu lieu à la Chambre des députés lors des deux délibérations des 11 février et 7 mars 1889 (1). Mais au Sénat, lors de la délibération en deuxième lecture, dans la séance du 25 mai 1878, bien que la discussion ne semblât porter que sur une disposition de détail relative à l'article 5, la lutte s'est assez vivement engagée sur le principe même de la suppression.

M. Xavier Blanc, partisan de la suppression absolue, a repris les critiques que nous avons déjà vu formulées dans le rapport de M. de Casabianca et ajouté aussi quelques nouvelles considérations qui ne sont pas sans importance : « Partout où la vaine pâture a été supprimée, on a eu à se louer de cette suppression. Pas une seule protestation ne s'est élevée dans nos anciennes provinces, pas plus que chez les nations voisines, qui se sont affranchies depuis longtemps de ces sujétions. Quand on voit une réforme qui suscite toujours des récriminations et des réserves, lorsqu'on la voit acceptée par ceux qui, mieux avisés, mieux éclairés sur leurs véritables intérêts, reconnaissent les avantages de la mesure qui les avait si fort effrayés dès le début, on peut dire sûrement que la réforme est bonne, que la mesure est salutaire. C'est là la véritable pierre de touche. C'est la justification de cette mesure, qui ne vient qu'après coup, mais qui, étant le fruit de l'expérimentation, est de toutes la plus puissante et la plus décisive.... En 1854, en Corse, qui était auparavant le pays du parcours et de la vaine pâture par excellence, le pays dans lequel la culture, surtout à cette époque, avait acquis le moins de développement, un projet de loi proposa la suppression, l'abolition complète de la vaine pâture et du parcours. Une loi spé-

(1) *Journ. off.* des 12 février et 8 mars 1889.

ciale fut alors édictée qui prononçait d'une manière absolue cette suppression. S'il est un pays dans lequel on put s'attendre à des protestations violentes, à des récriminations contre cette innovation, c'était celui-là. Eh bien ! dans ce pays, on a récriminé, on a protesté au début ; mais depuis on a béni cette loi bienfaisante qui affranchissait la culture du sol de toutes ces lisières, de toutes ces entraves qui jusque-là paralysaient dans ce pays tout essor, tout progrès agricole (1). »

M. Labiche, un des partisans du maintien, répondant au « réquisitoire » de M. Blanc, s'exprimait en ces termes : « La vaine pâture ne constitue nullement, comme on l'a prétendu, une atteinte à la liberté des assolements, au libre usage de la propriété ; au contraire, elle respecte tous les intérêts, en permettant d'utiliser par la dent des bestiaux une dernière récolte qui serait absolument perdue pour tout le monde, si on refusait de tolérer le parcours des bestiaux sur les terres dépouillées de leur récolte. Dans les pays où on cultive en grand les céréales, notamment dans les plaines de la Beauce, les opérations de la fauchaison des récoltes et de l'enlèvement des gerbes laissent sur le sol une grande quantité de grains qui ne peuvent être ramassés et qui seraient perdus si on ne les utilisait en les faisant recueillir par les bestiaux. Plus tard aussi, après les premières pluies de l'automne, ce qui reste de ces grains germe, et le sol est bientôt entièrement couvert, lorsque la saison est pluvieuse, d'une herbe qui peut servir à l'alimentation de nombreux troupeaux. Si ces herbes n'étaient utilisées par les bestiaux, elles seraient perdues, car elles ne peuvent être fauchées, et les gelées les détruiraient.....

____

(1) *Journ. off.*, 25 mai 1878, Sénat, p. 5770.

Si vous inscriviez dans la loi ce principe absolu d'après lequel, malgré les usages locaux qui s'affirment, chacun n'aurait le droit d'envoyer ses troupeaux que sur sa propre terre, et ne pourrait les laisser paître sur celle du voisin ; si de semblables prescriptions recevaient force de loi, vous verriez bientôt disparaître tous les troupeaux de moutons qui couvrent nos plaines de la Beauce comme celles de la Brie (1). »

18. — Quoi qu'il en soit et quelle que puisse être aujourd'hui l'opinion de chacun, il ne reste qu'à s'incliner devant la loi votée. *Suppression absolue des droits de parcours, faculté laissée aux Conseils municipaux, d'accord avec les Conseils généraux, de maintenir la vaine pâture dans les localités où elle existe :* tel est le système adopté.

19. — Il faut bien le dire, ces dispositions ne sont pas à l'abri de tout reproche. On sent que le législateur, ne pouvant arriver à concilier deux opinions si différentes, qui toutes deux, cependant, invoquent en leur faveur des principes sérieux et des considérations graves, n'a pas osé prendre parti. Il s'est arrêté à un système hybride qui ne tranche aucune question et laisse les adversaires en présence.

Ne voulant prendre lui-même une décision, il s'en est remis de ce soin aux Conseils municipaux. Le rapporteur, M. Malens, a dû lui-même le reconnaître : « Un certain nombre de Conseils généraux, a-t-il dit, en raison d'intérêts spéciaux à quelques contrées, demandaient le maintien de la vaine pâture (2) : fallait-

______

(1) *Journ. off.* du 25 mai 1878, Sénat, p. 5773.
(2) Avant de déposer son projet de loi, le Gouvernement a tenu à consulter de nouveau les commissions départementales. Nous croyons

il supprimer d'une manière absolue ce droit? Nous avons pensé que non; mais nous avons pensé qu'on pouvait aller plus loin que le Gouvernement, et, alors, nous avons voulu laisser à ceux qui sont sur les lieux, aux Conseils municipaux d'abord, aux Conseils généraux ensuite, le droit d'apprécier s'il était bon, s'il était utile, s'il était convenable de maintenir ce droit de vaine pâture. Nous avons cru qu'en laissant cette solution à la disposition des autorités les plus compé-

intéressant de reproduire avec l'exposé des motifs quels sont en substance les vœux exprimés :

« Dans le département de l'Ain, les commissions centrales, à l'exception de deux qui se prononcent avec plus de réserve, demandent la suppression ou au moins la réglementation de cet usage.

« Le département des Ardennes exprime le vœu que le Gouvernement étudie sérieusement la question de l'abolition de la vaine pâture, et que, si cette abolition n'est pas prononcée, il soit pourvu à la détermination : 1º de la nature des terrains qui y seront soumis ; 2º des époques où elle commencera et où elle prendra fin ; 3º de la part à faire à chaque espèce de bestiaux.

« La Commission centrale du département de la Côte-d'Or demande qu'elle soit supprimée avec certains ménagements.

« Dans le département du Doubs, on se borne à dire qu'elle est vue généralement avec défaveur.

« La Commission centrale du département du Gard désire que la vaine pâture soit supprimée, sauf à en réserver l'exercice aux communes de la région montueuse du département qui en réclament la conservation.

« On rappelle, dans le département de l'Isère, qu'en 1843 le Conseil général en a demandé la suppression.

« La Commission centrale du département du Jura se plaint des abus auxquels donne lieu l'exercice de la vaine pâture ; elle en désirerait l'abolition ; mais elle craint que l'extrême morcellement des propriétés ne rende cette abolition inefficace, si en même temps il n'est fait défense aux propriétaires d'envoyer leurs bestiaux pacager sur leurs propres fonds, interdiction qui serait une atteinte grave au droit de propriété.

« La Commission centrale du département du Nord, abandonnant la thèse soutenue autrefois par la commission de Douai, émet le vœu que la vaine pâture, qui tend à se restreindre, soit entièrement abolie.

« Cette opinion est aussi celle du département des Basses-Pyrénées.

2.

tentes et les mieux placées pour se rendre compte des nécessités locales, nous agissions avec une réserve et une prudence qui devaient recevoir votre approbation... Que la loi puisse d'une manière générale interdire cette espèce d'association lorsqu'elle arrive à contrarier les progrès de l'agriculture, on le comprend; mais si les progrès de l'agriculture ne sont pas véritablement intéressés, c'est-à-dire si nous nous trouvons dans le territoire d'une commune où les bras manquent, où le sol est peu fertile, où il n'y a véritablement possibilité de tirer profit de ses maigres produits qu'au moyen

La Commission centrale considère ce droit comme nuisible aux propriétaires peu aisés qui ne peuvent subvenir aux frais de clôture.

« Dans le département du Bas-Rhin, quelques assemblées cantonales seulement émettent le vœu de cette suppression.

« Le département de la Haute-Saône s'est borné à donner son approbation à un recueil d'usages locaux dans lequel il n'est fait aucune mention de la vaine pâture.

« La commission centrale du département de Seine-et-Marne ne forme aucune espèce de vœux ; elle constate seulement que l'usage de la vaine pâture est général. Mais la Société d'agriculture de Meaux, qui compte 135 membres titulaires, au nombre desquels figurent les principaux cultivateurs et propriétaires de cette circonscription, a exprimé une opinion presque unanime pour la suppression de la vaine pâture, dans un rapport que son président a adressé au Sénat sous forme de pétition, et qui a été renvoyé au ministre de l'agriculture dans la séance du 9 mai 1865.

« La vaine pâture est vue avec défaveur dans le département du Var.

« Enfin, dans le département des Vosges, la Commission centrale rappelle, dans sa séance du 24 août 1865, que la vaine pâture n'a plus de raison d'être aujourd'hui dans les prairies naturelles : c'est une violation du droit de propriété, nuisible à ceux qui la subissent, nuisible même à ceux qui l'exercent.

« Quelques réclamations moins générales se sont élevées en faveur du droit de vaine pâture. Nous avons remarqué spécialement un rapport adopté par la Chambre consultative d'agriculture de l'arrondissement d'Amiens. Tandis que dans certains départements, celui du Morbihan entre autres, les moutons sont exclus de la vaine pâture, la Commission d'Amiens insiste sur les grands avantages que donne la vaine pâture pour la multiplication des animaux de l'espèce ovine. »

de troupeaux gardés en commun, pourquoi le législateur interviendrait-il pour empêcher une association productive ? (1). »

Mais ces considérations sont loin d'être décisives.

20. — Quel est d'ailleurs le but des modifications apportées au projet du Gouvernement? Nous ne les apercevons pas. Ce projet, tout en ayant à nos yeux le tort de laisser sans la résoudre définitivement une question pendante depuis trop longtemps, nous paraissait plus logique : il maintenait les droits de vaine pâture existants et accordait aux Conseils municipaux le droit de provoquer leur suppression. Avec la nouvelle loi, qu'arrive-t-il? Les droits sont *supprimés*, et cependant les Conseils municipaux auront la faculté d'en demander le *maintien*. Nous examinerons plus loin les difficultés auxquelles cette disposition peut donner lieu. Mais ne voit-on pas dès maintenant qu'il y a quelque chose d'illogique et d'anormal à permettre le maintien de ce que la loi déclare supprimé?

On a dit, il est vrai, à l'encontre du projet du Gouvernement, que toutes les communes où la vaine pâture existait autrefois et qui s'y sont soustraites auraient réclamé la suppression, et qu'alors, ou bien il aurait fallu rendre des milliers de décrets, ou bien, ce qui est plus probable, les municipalités auraient négligé de provoquer ces décrets, « et il aurait suffi qu'à un moment donné elles eussent l'idée de revenir à des pratiques gênantes pour apporter dans certaines localités de regrettables perturbations » (2). Mais c'est oublier que le droit de vaine pâture, constituant une servitude, s'éteint par le non-usage pendant trente ans (*suprà*, n° 11);

(1) *Journ. off.*, 28 mai 1878, Sénat, p. 5771.
(2) Rapport de M. MALENS.

les craintes de voir revivre des droits éteints depuis longtemps étaient donc chimériques. Quant à l'inconvénient résultant de la multitude de décrets à rendre, il était facile d'y remédier en simplifiant la procédure quelque peu compliquée proposée par le Gouvernement. Nous verrons d'ailleurs que les complications de la procédure adoptée par la loi ne le cèdent en rien au projet primitif.

21. — Nous n'apercevons pas non plus l'intérêt de la distinction qui a été faite entre le parcours et la vaine pâture. Ce sont là deux droits de nature identique, qui s'exercent de la même manière et suivant les mêmes règles. La seule différence qui existe entre eux, c'est que le parcours est établi, à charge de réciprocité, entre les habitants de deux communes, tandis que la vaine pâture n'a lieu qu'entre habitants de la même commune. Cette seule différence dans l'étendue du droit est-elle de nature à justifier une différence dans le traitement? Nous ne le pensons pas, et les raisons données par les rapporteurs, tant à la Chambre qu'au Sénat, sont loin de nous convaincre.

« Ce droit, dit M. Malens dans son rapport, avait été établi entre les paroisses par la raison que les territoires des paroisses étaient enchevêtrés les uns dans les autres, que les troupeaux, pour se nourrir, devaient se transporter à d'assez grandes distances à travers des champs en friche, ne fournissant que les produits d'une végétation spontanée, et que tous avaient intérêt à ne pas soulever des contestations sur les limites d'une possession presque illusoire et très équivoque. — Au moment où une nouvelle division administrative venait d'être exécutée, il fallait tenir compte de l'ancienne division en paroisses et ne pas forcer les populations rurales à rompre brusquement avec leurs habitudes ; et c'est ce qui explique le maintien provisoire de la servitude de parcours : aujourd'hui les limites des communes sont parfaitement déterminées et généralement connues par leurs habitants; l'indivision de la vaine pâture, la promiscuité de troupeaux appartenant à deux communes différentes peuvent avoir des inconvénients sérieux en suscitant des conflits, et ne présentent plus aucun avantage (1). »

Supposons une commune un peu importante, et il ne serait pas difficile d'en citer un grand nombre possédant un nombre d'hectares et un nombre d'habitants supérieurs à ceux de deux communes voisines réunies : est-ce que les inconvénients signalés dans le rapport de M. Malens ne se produiront pas de la même manière? N'existent-il pas également dans les communes divisées en sections et dans lesquelles on pratique le cantonnement?

Nous aurions compris la suppression simultanée du parcours et de la vaine pâture. Mais du moment où l'on permettait aux Conseils municipaux de maintenir, s'ils y trouvaient un intérêt agricole, le vain pâturage dans l'étendue de leur territoire, pourquoi ne pas leur donner le même droit à l'égard du parcours? Aucune raison d'ordre public ne s'y opposait. D'autant qu'on aurait pu et même dû exiger, puisque la jurisprudence proclamait que la réciprocité était de l'essence du droit de parcours (2), le concours de volonté des deux municipalités intéressées.

____

(1) Voir également le Rapport de M. Boreau-Lajanadie et le Rapport de M. Casimir-Périer, Chambre des députés, 2° législature, Annexe n° 1147.

(2) Cass. ch. réun., 1er juin 1838 et 11 février 1839, Dalloz, J. G., v° Commune, n° 795.

22. — Mais telle n'a pas été l'opinion du législateur. Et il nous faut maintenant rechercher quelles sont les *conséquences de la suppression du parcours.*

Remarquons tout d'abord que cette suppression est *générale* et *absolue.* Elle s'applique à tous les droits de parcours sans aucune exception et quelle que soit leur cause. Peu importe donc qu'ils existent en vertu d'une loi générale au pays ou d'un usage purement local, en vertu d'une possession reconnue par la coutume et ratifiée par la loi de 1791, ou en vertu même d'un titre : dans tous les cas, ils sont et demeurent abolis.

Cette suppression ne doit pas être cependant une confiscation. Le plus généralement, quand il ne résulte pas de la coutume, le droit de parcours a été établi par un acte conventionnel entre les deux communes. Mais cet acte a pu stipuler, soit un simple droit réciproque sans avantages particuliers, soit, en plus, une rémunération en faveur de l'une de communes qui concédait plus de droits qu'elle n'en recueillait. Dans ce dernier cas, qui est qualifié par la loi d'acquisition à titre onéreux, la suppression du droit donne lieu à une indemnité.

Le règlement de cette indemnité ne se fera pas, en général, sans difficultés. Il n'est pas toujours facile, en effet, de remonter à la source même de droits de cette nature; et les titres que l'on invoque ne sont pas toujours bien clairs et bien précis. De plus, comment s'évaluera l'indemnité? Elle devra comprendre le montant de la perte éprouvée par suite de la suppression, c'est-à-dire qu'il faudra déterminer le bénéfice que chacune des deux communes retirait de l'exercice du droit, la différence devant constituer la perte subie par la commune moins avantagée en biens. Voilà le principe; mais son application donnera certainement lieu à bien des contestations, car on ne voit pas comment il sera possible d'apprécier exactement la valeur de droits tels que le parcours. De là une ressource de procès.

La loi les a prévus et, par dérogation aux règles du droit commun, elle a donné compétence pour en connaître aux Conseils de préfecture. La procédure devant les Conseils de préfecture étant plus simple et moins coûteuse que devant les Tribunaux civils, elle a donc pensé qu'il serait préférable de les en charger, d'autant plus que les contestations qu'elle suppose doivent naître entre deux communes qui auraient eu besoin toutes deux, avant d'agir, de se faire autoriser par le Conseil de préfecture lui-même.

Mais l'article 1er n'a pas osé aller jusqu'au bout dans sa dérogation aux principes de la compétence. Il décide que lorsqu'il y aura *constestation sur le titre*, les Conseils de préfecture devront renvoyer aux tribunaux ordinaires le jugement de cette question préjudicielle. La disposition est conforme aux règles du droit, et nous ne pouvons que l'approuver. Malheureusement, elle aura un effet tout contraire à celui que recherchait le législateur : la simplicité et l'économie dans la procédure. Dans des affaires de cette nature, portant sur des titres anciens et nécessairement un peu obscurs, il serait étonnant, si un arrangement amiable n'est pas intervenu, qu'une contestation ne s'élevât pas sur le titre lui-même. Et alors, d'après l'article 1er, double procès, doubles frais. N'eut-il pas été préférable de n'établir aucune dérogation de compétence et de laisser aux Tribunaux civils la connaissance de toutes les difficultés relatives à ces litiges ?

23. — L'article 2 prononce également en principe

la suppression des droits de vaine pâture. Mais cette suppression n'est pas absolue, en ce sens qu'elle ne porte pas sur tous les droits de cette nature indistinctement et qu'on autorise même son maintien, sur la demande des Conseils municipaux ou même des habitants d'une commune.

Nous avons donc à rechercher : 1° quels sont les droits que la loi déclare abolis ; 2° quelle est la procédure à suivre pour obtenir le maintien des droits actuellement existants.

24. — *La suppression ne s'applique qu'aux droits de vaine pâture établis au profit et à la charge de l'ensemble des habitants de la commuue,* c'est-à-dire aux droits qui appartiennent à la généralité des habitants et qui portent en même temps sur la généralité du territoire d'une commune ou d'une section de commune.

Ainsi, *demeurent maintenus les droits de vain pâturage établis sur un héritage déterminé à titre particulier,* sans qu'il y ait à distinguer si ces droits profitent à un ou plusieurs habitants nommément désignés ou à la généralité des habitants, sauf toutefois le droit pour le propriétaire de l'héritage grevé de s'en affranchir sous certaines conditions que nous étudierons sous l'article 12.

25. — Nous avons précédemment distingué de la vaine pâture certains droits qui ont avec elle une certaine analogie, tels que ceux de *pâturage,* de *pacage,* de *panage,* de *fanage.* L'article 2 ne porte aucune atteinte à ces différents droits : ils subsistent donc en leur entier.

C'est surtout entre la vaine pâture et le *pâturage* ou *vive pâture* que la confusion a été faite. On en trouverait facilement des traces non seulement dans les auteurs, mais même dans la jurisprudence, et bien souvent les cultivateurs eux-mêmes les confondent. Plus que jamais aujourd'hui, il importe donc de les distinguer nettement.

« Les pâtures grasses (ou vives), dit Merlin, sont les landes, marais, pâtis, bruyères qui appartiennent à des communautés d'habitants, ou sont asservis entre elles à un droit d'usage de manière qu'elles seules peuvent y faire pâturer leurs bestiaux. Les vaines pâtures sont les grands chemins, les prés après la fauche, les guérets et terres en friche, les bois de haute futaie, les bois taillis après le quatrième ou cinquième bourgeon, et généralement tous les héritages où il n'y a ni semences ni fruits et qui, par la loi ou l'usage du pays, ne sont pas en défens. » A l'appui de sa définition, Merlin cite l'opinion de Brillon et certaines coutumes, telles que celles de Sens, de Melun et de Troyes (1).

Nous ne croyons pas cette définition tout à fait exacte ; et la vérité est qu'il est impossible de donner une énumération complète des terrains sur lesquels peuvent porter l'un et l'autre droit. Ils sont susceptibles, en effet, de varier suivant les contrées, d'après la nature du sol et les modes de culture. Et il suffit que le revenu d'un terrain, quel qu'il soit, ne soit pas à négliger par le propriétaire pour que le pacage exercé sur ce terrain constitue non pas une vaine, mais bien une vive pâture (2).

A notre avis, la vive pâture se distingue de la vaine pâture en ce qu'elle suppose un fonds susceptible de produire des fruits, et qu'elle consiste à faire absorber

----

(1) MERLIN, *Répertoire*, v° VAINE PATURE.
(2) Cass. Req., 1er juillet 1839, Comm. de Larney ; — Cass. Req., 20 nov. 1837, Balguerie.

ces fruits, tandis que la vaine pâture ne porte que sur les terres non susceptibles de produits appréciables en argent ou sur les terres dont les fruits ont été déjà récoltés.

Tel est aussi l'avis du rapporteur de la Commission du Sénat. « Ce qui est vrai, c'est qu'un terrain abandonné à lui-même, sans culture, peut, suivant les lieux, la nature du sol et le climat, fournir des produits naturels qui, à raison de leur abondance et de leur qualité, sont regardés comme ayant une valeur réelle et peuvent être l'objet d'une vive ou grasse pâture. L'appréciation des produits naturels est dès lors la base de la distinction à établir entre les terrains qui sont soumis et ceux qui ne sont pas soumis à la vaine pâture. Nous dirions donc qu'en règle générale, la vaine pâture est autorisée sur tous les terrains non clos qui ne sont pas susceptibles de production actuelle ou préparée, susceptible de louage ou de vente. — Ainsi, lorsque certains propriétaires de troupeaux transhumans envoient leurs pâtres ou bailes sur les pelouses des montagnes des Alpes pendant l'été, et dans les plaines de la Crau pendant l'hiver, c'est qu'ils ont, sinon un droit de propriété, du moins un droit de pâturage sur ces pelouses ou ces plaines ; ce n'est point le droit de vaine pâture qu'ils exercent. — Il en est de même pour les communes possédant, soit comme propriétaires, soit comme usagères, des pâtis d'une étendue plus ou moins considérable et les employant à la nourriture d'animaux appartenant en commun à tous les habitants. — Il en est de même encore pour les petites sociétés de pâturage en commun formées entre particuliers et n'ayant d'effet que sur les prés ou terres appartenant aux sociétaires, au moins en jouissance » (1).

(1) Rapport de M. Malens.

L'intérêt de la distinction que nous venons d'établir entre la vive et la vaine pâture n'est pas seulement relatif aux conséquences de la loi nouvelle qui abolit la vaine pâture et laisse subsister les droits de vive pâture. Antérieurement déjà, la jurisprudence a démontré l'intérêt de cette distinction, en déclarant que le droit de vive pâture peut s'acquérir par la possession trentenaire et même que son usage, continué pendant le temps nécessaire pour prescrire, est attributif de propriété (1) : toutes conséquences qui, nous l'avons vu (*suprà*, n° 10), sont refusées à la vaine pâture.

26. — La suppression ne s'applique pas non plus à la vaine pâture, qui ne se fonde ni sur un titre ni sur une coutume ou usage immémorial, mais qui s'exerce seulement *par suite de la tolérance des propriétaires.* Il arrive, en effet, souvent, dans les pays où les propriétés ne sont pas habituellement closes, que certains habitants conduisent leurs bestiaux sur les terrains d'autrui sans que le propriétaire s'y oppose : c'est la vaine pâture exercée sans droit, par pure tolérance. Il n'était pas besoin d'une disposition législative pour y mettre fin. Il suffit au propriétaire pour s'en affranchir de manifester sa volonté, soit verbalement, soit par un signe quelconque.

Mais remarquons que si cette tolérance existait antérieurement à la loi de 1791, elle a été, par l'effet de cette loi, convertie en une véritable servitude légale, en un véritable droit établi au profit des usagers, et auquel le propriétaire ne peut actuellement se soustraire que par la clôture de son héritage (2).

(1) DALLOZ, v° DROIT RURAL, n°ˢ 50 et 51.
(2) Voir *infrà*, n° 28.

27. Ainsi, à l'exception de ceux qui sont établis sur un héritage déterminé ou au profit de quelques-uns seulement des propriétaires de la commune, ou encore de ceux qui ne constituent aucune servitude, mais une simple tolérance, tous les autres droits de vaine pâture sont abolis, aux termes de l'article 2.

Toutefois, dans l'année qui doit suivre la promulgation de la loi, le législateur accorde aux Conseils municipaux et même aux habitants de la commune la *faculté de demander le maintien des droits de vaine pâture*, qui sont fondés sur une ancienne loi ou coutume, sur un usage immémorial ou sur un titre.

Cette disposition soulève trois questions, que nous allons successivement examiner : 1° quels sont les droits dont on peut demander le maintien ; 2° quelles personnes ont qualité pour le réclamer ; 3° quelle est l'autorité compétente pour statuer sur ce maintien.

28. — 1° *Des droits de vaine pâture dont on peut réclamer le maintien.* — Ce sont ceux, nous venons de le dire, qui sont fondés sur une ancienne loi ou coutume, sur un usage immémorial ou sur un titre.

La loi ou coutume dont il est parlé doit s'entendre d'une disposition expresse insérée dans les anciennes coutumes particulières à chaque contrée.

La question de savoir si un *usage immémorial* suffisait pour établir un droit de vaine pâture était discutée dans l'ancien droit. Dans les pays de droit écrit et même dans certains pays coutumiers, la vaine pâture, même exercée de temps immémorial, ne conférait aucun droit : elle n'était considérée que comme une faculté ou une tolérance (1). La loi de 1791 a expres-

____

(1) Denisart, v° Clos ; — Merlin, *Répertoire*, v° Vaine pature.

sément reconnu et en quelque sorte légitimé tous les droits de cette nature, et il n'est pas douteux que, depuis 1791, le droit de vaine pâture doive être reconnu appartenir aux communes qui en avaient la possession immémoriale antérieurement au Code, même dans les pays où ce mode d'acquérir n'était point autrefois reconnu (1).

Mais que faut-il entendre par usage immémorial ? « La possession immémoriale, dit Pardessus, est celle dont aucun homme vivant n'a vu le commencement, dont il a appris l'existence de ses ancêtres et dont il n'a rien appris de contraire de quelqu'un qui l'ait vu ou qui l'ait entendu dire de ceux qui l'auraient vu. Cette définition exclut toute limitation de temps ; elle se rapporte au fait qu'aucune personne n'en a vu le commencement et n'a entendu dire à qui que ce soit qu'il l'ait vu (2) ». Il n'est pas facile, dans ces conditions, de prouver un usage immémorial ; il faudrait établir que l'usage n'a jamais, de mémoire d'homme, été contesté ; que son exercice, d'après ce que les témoins ont vu ou entendu dire, a toujours eu lieu de la même manière. Toutefois la jurisprudence a admis que l'usage immémorial pourrait être prouvé à l'aide de jugements ou arrêts, même étrangers à ceux contre lesquels l'usage est invoqué (3).

Quant aux *titres*, il ne saurait être question ici du titre primordial établissant le droit de vaine pâture, car de pareils actes ne peuvent être que fort rares, et nous ne voyons même pas comment ils pourraient exister. En effet, les actes de concession à titre gra-

---

(1) Cass. Req., 8 mai 1844, D., 45, 4, 482 ; — Req., 11 juillet 1866, D., 67, 1, 432 et la note.
(2) Pardessus, *Traité des servitudes*, I, p. 510.
(3) Cass. Req., 7 mars 1854, D., 54, 1, 195.

tuit ou les actes d'acquisition à titre onéreux ne portent en général que sur des propriétés particulières ou stipulent le droit de vaine pâture, non plus en faveur de la généralité des habitants d'une commune, mais seulement en faveur d'individus déterminés. Or, les droits de cette nature restent en dehors de la disposition qui nous intéresse : ils ne sont pas abolis. Nous pensons donc qu'il faut entendre par titres, non pas l'acte primordial constitutif du droit, mais les actes postérieurs, tels que jugements ou arrêts, actes d'aveu ou de dénombrement intervenu entre un vassal et son suzerain, et qui reconnaissent implicitement l'existence d'un droit général de vaine pâture (1).

29. — 2° *Des personnes qui ont qualité pour réclamer le maintien.* — En principe, le maintien doit être demandé par délibération du *Conseil municipal,* mais dans la crainte que, par négligence ou par tout autre motif, le Conseil municipal n'use pas de son droit dans les pays où cependant la vaine pâture est encore considérée comme utile à l'agriculture, la loi accorde à *tout ayant droit,* c'est-à-dire à toute personne jouissant actuellement d'un droit communal de vaine pâture, la faculté de réclamer lui-même le maintien par requête adressée au préfet.

La requête peut être isolée ou collective, c'est-à-dire adressée par un seul ou par plusieurs ayants droit.

En cas de réclamation particulière, le Conseil municipal sera mis en demeure de donner son avis dans les six mois.

(3) Nancy, 24 juillet 1869, D., 69, 2, 234 ; — Cass. civ., 15 juin 1840, DALLOZ, *J. G.,* v° DROIT RURAL, n° 43.

30. — *3° Quelle est l'autorité compétente pour statuer sur la demande de maintien.* — La loi distingue.

La demande de maintien, dit-elle, qu'elle émane d'un Conseil municipal ou qu'elle émane d'un ou ou plusieurs ayants droit, sera soumise au Conseil général : c'est évidemment le préfet, dans chaque département, qui sera chargé de ce soin. Le Conseil général devra délibérer sur la demande.

Et alors de deux choses l'une :

Ou bien la délibération du Conseil général sera conforme à la délibération ou à l'avis du Conseil municipal : dans ce cas, la question est définitivement tranchée dans le sens adopté par les deux Conseils.

Ou bien la délibération du Conseil général n'est pas conforme à l'avis émis par le Conseil municipal : dans ce cas, c'est le Gouvernement lui-même qui statue par décret rendu en Conseil d'État.

Qu'arrivera-t-il lorsque, en cas de réclamation particulière, le Conseil municipal, quoique mis en demeure par le préfet, n'a pas fait connaître son avis dans le délai fixé ? L'article 2 dit qu'il sera passé outre. Mais la décision sera-t-elle prise par le Conseil général ou par décret ? Nous pensons qu'un décret est indispensable.

31. — Cette réglementation de la procédure à suivre pour le maintien de la vaine pâture soulève plusieurs critiques.

Nous ne reviendrons pas sur ce que nous avons déjà dit au sujet de l'anomalie qui permet de maintenir un droit que le législateur déclare aboli (*suprà*, n° 20).

Mais, en dehors même de cette considération, la procédure adoptée nous semble trop compliquée. Délibération du Conseil municipal, suivie d'une délibération du Conseil général, subordonnée elle-même, en cas de dissidence, à l'approbation du Conseil d'Etat. N'est-ce pas provoquer des retards dans la solution d'une question qui passionnera certainement l'opinion publique dans certaines communes et qui par conséquent devrait être promptement résolue ?. N'est-ce pas aussi surcharger les assemblées départementales qui, ne pouvant examiner séparément chacune des réclamations qui leur seront soumises, auront une tendance marquée à adopter une décision uniforme ?

Et puis, n'est-ce pas occasionner dans les communes des discussions et des tiraillements regrettables ? C'est surtout aux cultivateurs peu aisés que la vaine pâture profite ; et ce ne sont pas eux qui, généralement, composent le Conseil municipal de leur commune. D'ordinaire, au contraire, surtout dans les communes rurales, ce sont les gros propriétaires, c'est-à-dire précisément ceux auxquels la vaine pâture est le plus à charge. Nous voulons bien croire que les considérations d'intérêt personnel céderont chez eux à l'intérêt général. Mais cette confiance sera-t-elle partagée par tous les habitants de la commune, et n'arrivera-t-il pas parfois que l'impartialité de l'autorité municipale soit mise en discussion ? Remarquons, d'ailleurs, que la loi met les conseillers dans une assez fâcheuse alternative : ou provoquer une délibération qui peut préjudicier à leur intérêt personnel, ou garder le silence et laisser ainsi éteindre un droit qui les gêne. Ne seront-ils pas dès lors tentés de garder le silence ?

On concède, il est vrai, aux particuliers, le droit de provoquer eux-mêmes le maintien. Mais n'est-ce pas là un droit illusoire ? Et parmi les cultivateurs les plus intéressés, c'est-à-dire, en général, les plus pauvres et les moins instruits, combien connaîtront l'existence de ce droit ? La maxime que nul n'est censé ignorer la loi est un principe indispensable dans une société organisée ; mais, en pratique, elle engendre souvent de cruelles injustices.

32. — L'article 2 déclare que le maintien de la vaine pâture devra être demandée dans le délai d'un an à partir de la promulgation de la loi. La promulgation au *Journal officiel* a eu lieu le 10 juillet 1889 ; le délai expirera donc le 9 juillet 1890.

Si, dans ce délai, aucune délibération du Conseil municipal ou aucune réclamation particulière n'est intervenue, les droits de vaine pâture seront définitivement abolis dans l'étendue du territoire de la commune. Et, sous aucun prétexte, ils ne pourraient désormais être rétablis. Sur ce point, pas de difficulté.

33. — Mais, *dans l'année qui va suivre la promulgation de la loi, doit-on considérer la vaine pâture comme supprimée ou comme subsistant encore ?* En d'autres termes, l'effet de la loi est-il immédiat ou est-il subordonné à l'expiration de l'année à partir de sa promulgation ?

La question offre certainement un grand intérêt, car, si l'on décide que l'effet de la loi est immédiat, il faut en déduire que tout propriétaire, autrefois soumis à la vaine pâture, a dès maintenant le droit d'interdire l'accès de ses terres aux bestiaux d'autrui, et même que la vaine pâture doit être considérée dès aujourd'hui comme une contravention réprimée par l'article 479, § 10 du Code pénal. (Voir *infrà*, n° 34.)

Cependant, cette question n'a pas été tranchée par le législateur. Nous n'avons trouvé ni dans les quatre rapports qui ont eu lieu tant au Sénat qu'à la Chambre des députés, ni dans la discussion de la loi aucune trace de cette préoccupation.

Il est naturel de supposer que l'intention de la Commission du Sénat, qui a modifié sur ce point le projet du Gouvernement et introduit dans la loi le principe nouveau de la suppression de la vaine pâture, était de subordonner cette suppression à l'expiration de l'année accordée tant aux Conseils municipaux qu'aux simples particuliers pour demander le maintien de la servitude.

Mais la manifestation de cette intention, si claire même qu'on puisse la supposer, ne suffirait certes pas pour tenir en échec les termes de la loi.

Il est, en effet, un principe absolu dans notre droit : c'est que les lois doivent être exécutées immédiatement après leur promulgation et le délai de publication (Art. 1er du Code civil. Décret du 5 novembre 1870). Il n'y a exception que pour les lois dans lesquelles le législateur a lui-même expressément fixé la date de leur exécution. C'est ainsi, et nous choisissons précisément un exemple dans la matière même qui nous intéresse, que la loi du 22 juin 1854 voulant abolir le droit de vaine pâture en Corse, où il donnait lieu à des querelles incessantes, a bien pris le soin d'indiquer que la suppression n'aurait d'effet qu'un an après la promulgation de la loi (1). Mais, en l'absence de toute disposition exceptionnelle, nous revenons au droit commun, c'est-à-dire à l'exécution immédiate.

C'est en vain qu'on arguerait des mots « maintien du droit de vaine pâture » qui se trouvent dans le deuxième paragraphe de l'article 2. Ces mots ne peu-

---

(1) Loi du 22 juin 1854, article 2. — Le droit de vaine pâture, maintenu par l'article 3 de la section IV du titre Ier de la loi des 28 septembre-6 octobre 1791, cessera de plein droit dans le département de la Corse un an après la promulgation de la présente loi.

vent, tout au plus, que laisser supposer les intentions de la Commission chargée de l'examen du projet de loi. Mais pour déroger à une disposition aussi impérieuse que celle de l'article 1er du Code civil, à une disposition qui est essentiellement d'ordre public, il faudrait autre chose qu'une manifestation d'intention, il faudrait un texte net, précis, qui ne laisse place à aucun doute. Et ce texte n'existe pas.

Ce n'est qu'avec regret que nous donnons cette solution ; mais, à notre avis, les principes rigoureux du droit n'en permettent pas d'autre.

Il ne nous appartient pas d'en rechercher les conséquences pratiques : nous avons déjà montré les conséquences légales. C'est maintenant à chaque maire, dans les communes désireuses de maintenir le droit, d'essayer d'atténuer les effets de cette suppression momentanée, en provoquant sans délai la délibération du Conseil municipal ou même en amenant une entente amiable entre tous les propriétaires pour la tolérance, pendant cette année, des anciens usages.

34. — Nous devons encore signaler une *conséquence commune de la suppression des droits de parcours et de vaine pâture* : c'est que désormais l'exercice du parcours et celui de la vaine pâture, dans les communes où le droit ne sera pas rétabli, constituera une contravention de simple police, qui tombera sous l'application des articles 479, § 10 et 482 du Code pénal, et de l'article 11 du titre II de la loi des 28 septembre-6 octobre 1791 (1). Lors de l'abolition du parcours et de la

---

(1) Art. 479 du Code pénal. — Seront punis d'une amende de onze à quinze francs inclusivement... 10° ceux qui mèneront sur le terrain d'autrui des bestiaux, de quelque nature qu'ils soient, et notamment dans les prairies artificielles, dans les vignes, oseraies, dans les plants de câpriers, dans ceux d'oliviers, de mûriers, de gre-

vaine pâture en Corse, le législateur avait expressément énoncé cette conséquence (art. 5 de la loi du 22 juin 1854); mais cette disposition était surabondante. Il est certain, en effet, que celui qui, malgré l'abolition du droit dont il jouissait auparavant, envoie ses bestiaux paître sur le terrain d'autrui commet un fait punissable au même titre que celui qui les envoyait sans justifier d'aucun droit.

L'article 479 du Code pénal prévoit le fait de la conduite volontaire des bestiaux sur le terrain d'autrui. La loi de 1791 suppose, au contraire, que les bestiaux s'y sont rendus d'eux-mêmes et que le propriétaire n'a à s'imputer qu'un défaut de surveillance.

35. — Le dernier paragraphe de l'article 3 donne le droit aux Conseils municipaux seuls de proposer la *suppression ultérieure des droits de vaine pâture dont le maintien aurait été décidé* en vertu de l'article 2.

Cette suppression ne peut être proposée par le Con-

nadiers, d'orangers et d'arbres du même genre, dans tous les plants ou pépinières d'arbres fruitiers ou autres, faits de main d'homme...

Art. 482. — La peine d'emprisonnement pendant cinq jours aura toujours lieu pour récidive contre les personnes et dans les cas mentionnés en l'article 479.

Loi des 28 septembre-6 octobre 1791, titre II, art. 12. — Les dégâts que les bestiaux de toute espèce, laissés à l'abandon, feront sur les propriétés d'autrui, soit dans l'enceinte des habitations, soit dans un enclos rural, soit dans les champs ouverts, seront payés par les personnes qui ont la jouissance de ces bestiaux; si elles sont insolvables, ces dégâts seront payés par celles qui en ont la propriété. Le propriétaire qui éprouvera les dommages aura le droit de saisir les bestiaux, sous l'obligation de les faire conduire, dans les vingt-quatre heures, au lieu du dépôt qui sera désigné à cet effet par la municipalité. — Il sera satisfait aux dégâts par la vente des bestiaux, s'ils ne sont pas réclamés, ou si le dommage n'a point été payé dans la huitaine du jour du délit. — Si ce sont des volailles, de quelque espèce que ce soit, qui causent le dommage, le propriétaire, le détenteur ou le fermier qui l'éprouvera pourra les tuer, mais seulement sur le lieu, au moment du dégât.

seil municipal qu'après enquête *de commodo et incom-*
modo : il y est statué dans les formes indiquées par
l'article 2 ; c'est-à-dire que la délibération du Conseil
général entraînera suppression, si elle est de l'avis de
la suppresion, et que si le Conseil général est, au contraire, d'avis du maintien, il faudra un décret en Conseil
d'État.

Voici comment s'exprimait à cet égard le rapporteur
de la Commission du Sénat : « Si, à une époque postérieure, les nécessités agricoles inspirent la pensée de
supprimer une entrave à la liberté et au progrès de la
culture, le Conseil municipal aura toujours le droit,
après enquête *de commodo et incommodo,* de réclamer
la suppression qui devra être prononcée aussi par délibération conforme du Conseil général ou par décret
rendu en Conseil d'État. Nous avons introduit la procédure de l'enquête lorsqu'il s'agit de délibérer sur la
suppression, tandis que l'enquête peut être ordonnée,
mais n'est point exigée s'il s'agit du maintien. Voici
pourquoi : le maintien devra être examiné dans l'année
du vote de la loi, vote qui aura donné l'éveil aux
esprits et qui nécessitera certainement une circulaire
aux maires, les avisant et les mettant en demeure
d'éviter la déchéance, tandis qu'au bout de quelques
années, sans que l'attention des ayants droit ait été
provoquée par rien, un Conseil municipal pourrait,
pour ainsi dire, subrepticement arriver à la suppression, quand la généralité des habitants y serait contraire » (1).

____

(1) Rapport de M. MALENS.

§ III

RÉGLEMENTATION DE LA VAINE PATURE DANS LES LOCALITÉS OU ELLE SERA MAINTENUE.

36. — Puisque la loi ne supprimait pas d'une manière absolue la vaine pâture, il était indispensable de régler dans quelles conditions elle serait désormais exercée. C'est précisément l'objet que les articles 4 à 11 ont en vue. Ils déterminent :

1° Les propriétés soumises à la vaine pâture ;

2° Son mode d'exercice ;

3° Les personnes auxquelles elle profite ;

4° Le droit de réglementation accordé à l'autorité municipale.

Nous allons examiner successivement ces quatre questions.

1° **Propriétés soumises à la vaine pâture.**

SOMMAIRE.

Art. 5.

*Dans aucun cas et dans aucun temps, la vaine pâture
ne peut s'exercer sur les prairies naturelles ou artificielles.*

*Elle ne peut avoir lieu sur aucune terre ensemencée
ou couverte d'une production quelconque faisant l'objet
d'une récolte, tant que la récolte n'est pas enlevée.*

Art. 6.

*Le droit de vaine pâture, établi comme il est dit en
l'article 2, ne fait jamais obstacle à la faculté que conserve tout propriétaire, soit d'user d'un nouveau mode
d'assolement ou de culture, soit de se clore. Tout terrain
clos est affranchi de la vaine pâture.*

*Est réputé clos tout terrain entouré soit par une haie
vive, soit par un mur, une palissade, un treillage, une haie
sèche d'une hauteur d'un mètre au moins, soit par un
fossé d'un mètre vingt centimètres à l'ouverture et de cinquante centimètres de profondeur, soit par des traverses
en bois ou des fils métalliques distants entre eux de
trente-trois centimètres au plus et s'élevant à un mètre
de hauteur, soit par toute autre clôture continue et
équivalente faisant obstacle à l'introduction des animaux* (1).

(1) Loi des 28 septembre-6 octobre 1791 :
Art. 4. — Le droit de clore et de déclore ses héritages résulte
essentiellement de celui de propriété et ne peut être contesté à au-

37. — Le droit de vaine pâture ne peut s'exercer que sur les terres situées sur le territoire de la commune. Mais toutes les terres comprises dans ces limites n'y sont pas soumises.

En principe, sauf disposition contraire résultant d'usages locaux, on considère comme soumis à la vaine pâture tous les terrains non clos après l'enlèvement des récoltes et tous ceux également non clos où il n'existe aucune semence ni fruits.

Ainsi, les terres vacantes non labourées ni cultivées, les chemins, les haies, les buissons, enfin tout

cun propriétaire. L'Assemblée nationale abroge toutes les lois et coutumes qui peuvent contrarier ce droit.

Art. 5. — Le droit de parcours et le droit simple de vaine pâture ne pourront, en aucun cas, empêcher les propriétaires de clore leurs héritages ; et tout le temps qu'un héritage sera clos de la manière qui sera déterminée par l'article suivant, il ne pourra être assujetti ni à l'un ni à l'autre droit ci-dessus.

Art. 6. — L'héritage sera réputé clos lorsqu'il sera entouré d'un mur de quatre pieds de hauteur avec barrière ou porte, ou lorsqu'il sera exactement fermé et entouré de palissades, ou de treillages, ou d'une haie vive, ou d'une haie sèche, faite avec des pieux ou cordelée avec des branches ou de toute autre manière de faire les haies en usage dans chaque localité, ou enfin d'un fossé de quatre pieds de large au moins à l'ouverture et de deux pieds de profondeur.

Art. 7. La clôture affranchira de même du droit de vaine pâture réciproque ou non réciproque entre particuliers, si ce droit n'est pas fondé sur un titre. Toutes lois et tous usages contraires sont abolis...

Art. 9. — Dans aucun cas et dans aucun temps, le droit de parcours ni celui de vaine pâture ne pourront s'exercer sur les prairies artificielles et ne pourront avoir lieu, sur aucune terre ensemencée ou couverte de quelques productions que ce soit, qu'après la récolte.

Art. 10. — Partout où les prairies naturelles sont sujettes au parcours ou à la vaine pâture, ils n'auront lieu provisoirement que dans le temps autorisé par les lois et coutumes, et jamais tant que la première herbe ne sera pas récoltée.

Art. 11. — Le droit dont jouit tout propriétaire de clore ses héritages a lieu, même par rapport aux prairies, dans les paroisses où, sans titre de propriété, et seulement par l'usage, elles deviennent communes à tous les habitants, soit immédiatement après la récolte de la première herbe, soit dans tout autre temps déterminé.

champ inculte qui n'a ni muraille, ni fossé, ni appa-
rence de clôture, doivent être regardés, en tous temps,
comme en état de vaine pâture : les terres cultivées
ne le sont que dans l'intervalle des récoltes aux
semailles.

En règle générale, d'ailleurs, on peut dire que la
vaine pâture s'exerce sur toutes les terres de la commune, sauf celles qui ont été formellement exceptées
soit par la loi elle-même, soit par les usages locaux.
Recherchons donc ces exceptions, tout au moins celles
résultant de la loi.

38. — La première concerne les *terrains clos*.

De tout temps on paraît avoir admis le principe que
la clôture fait obstacle au droit de vaine pâture. Aussi,
afin d'empêcher l'extinction de la servitude, la plupart
des coutumes, dans l'ancien droit, interdisaient aux
propriétaires de clore leurs héritages. Vers la fin du
siècle dernier, cette prohibition fut levée dans plusieurs
provinces (1). La loi de 1791 et, plus tard, les articles
647 et 648 du Code civil proclamèrent le droit absolu
de se clore (2).

Il faut remarquer, d'ailleurs, que la clôture ne pro-
cure pas un affranchissement définitif et radical : elle
n'a pour effet que de suspendre l'exercice du droit.
Elle permet, toutefois, d'arriver à l'affranchissement
définitif par la prescription libératoire ; nous savons, en

(1) Édits de décembre 1767 pour le Béarn, de mars 1769 pour la
Champagne, de juillet 1771 pour le Bigorre.

(2) Code civil, art. 647 : « Tout propriétaire peut clore son héritage, sauf l'exception portée en l'article 682. » Cette exception est
relative aux droits de passage des fonds enclavés.

Art. 648 : « Le propriétaire qui veut se clore perd son droit au
parcours et à la vaine pâture, en proportion du terrain qu'il y
soustrait. »

effet (*supra*, nᵒ 11), que le droit de vaine pâture s'éteint par le non-usage pendant trente ans. Mais, hors le pas de prescription, son effet reste temporaire, subordonné à la durée même de la clôture; si elle est enlevée, détruite; si elle est dans un état de dégradation tel qu'elle puisse être regardée comme n'existant plus, la servitude reprend son empire (1).

39. — *Que doit-on entendre par clôture?* Suivant l'article 6, tout ce qui est susceptible de faire obstacle à l'introduction des bestiaux, ce qui exige que la clôture soit continue; un terrain ouvert sur l'un de ses côtés resterait soumis à la vaine pâture.

A titre d'exemple, la loi cite : une haie vive, un mur, une palissade, un treillage, une haie sèche d'une hauteur d'un mètre au moins, un fossé de 1ᵐ,20 à l'ouverture et de 50 centimètres de profondeur, des traverses en bois et des fils métalliques distants entre eux de 33 centimètres au plus et s'élevant à un mètre de hauteur.

Cette énumération n'est certainement pas limitative. Il appartiendra, en cas de contestation, à l'autorité judiciaire de décider si une propriété doit ou non être considérée comme suffisamment close. Son pouvoir d'appréciation est souverain à cet égard. Elle ne pourrait, toutefois, aller à l'encontre de la loi et déclarer, par exemple, que la haie ou le fossé qui n'ont pas les dimensions exprimées dans l'article 6 constituent néanmoins une clôture.

40. — Le droit de soustraire ses terres à la vaine

---

(1) HENRION DE PANSEY, *Biens communaux*, p. 401 ; — PROUDHON, *Droits d'usage*, éd. Curasson, I, p. 540 ; — JOUSSELIN, *Servitudes d'utilité publique*, I, p. 372.

pâture en les faisant clore, lorsque la servitude ne repose pas sur un titre (1), est *général* et *absolu,* sans distinction entre les pays où la vaine pâture s'exerçait par droit de coutume et ceux, tels que le Dauphiné, où elle n'était admise qu'en vertu d'un titre ou de la prescription (2).

Une *clôture collective* d'héritages contigus, bien qu'appartenant à des maîtres distincts, suffit même aux yeux de la loi : il n'est pas besoin de clôture particulière (3).

41. — Lorsqu'un particulier, dans les pays de vaine pâture, a clos son héritage, le *nombre de têtes de bétail* qu'il pourra continuer d'envoyer sur les terres des autres habitants de la communauté est restreint en proportion du terrain qu'il a soustrait à la vaine pâture. Cette conséquence est expressément indiquée dans l'article 648 du Code civil. « Retirant du fonds social une partie de son apport, il est juste qu'il éprouve une pareille diminution dans sa participation aux bénéfices (4). »

42. — La seconde exception concerne les *terres couvertes de leur récolte.*

On y comprend : les terres ensemencées, celles couvertes d'une production quelconque susceptible d'une appréciation en argent, les prairies naturelles et les prairies artificielles. La vaine pâture, en effet, ne doit pas dégénérer en abus, en une sorte d'expropriation :

(1) Voir *infrà,* n° 74.
(2) Cass. ch. civ., 27 avril 1846, D., 46, 1, 142.
(3) Cass. Req., 1er mars 1865, D., 65, 1, 421.
(4) Jousselin, *op. cit.,* I, p. 378.

il est de son essence de ne s'exercer que sur des terrains vides et dépouillés de leurs fruits.

La première culture donnée à un terrain, quoique faible et imparfaite, suffit même pour empêcher provisoirement l'exercice de la vaine pâture, si elle a été entreprise sérieusement et dans le but d'arriver à un défrichement; mais le propriétaire est obligé de souffrir l'exercice du droit jusqu'à ce qu'il ait amené les terres à un commencement effectif de culture, ou si la culture a cessé (1). La règle est la même pour les communes relativement à leurs communaux en friche (2).

A l'égard des *prairies artificielles*, la prohibition est déjà ancienne, et on la trouve inscrite dans l'article 9 de la loi de 1791. On faisait observer, avec raison, qu'une prairie artificielle n'est jamais vide; à peine une récolte est-elle coupée qu'une autre pousse immédiatement. De plus, l'introduction du bétail de toute une commune sur une terre de cette nature, surtout après les pluies, porterait le plus grand préjudice à ce genre de culture.

A l'égard des *prairies naturelles*, la prohibition constitue une des principales innovations de la loi, et assurément une des plus heureuses. Elle n'a point été votée, cependant, sans difficultés. Elle figurait dans le projet de loi du Gouvernement. Mais elle avait été repoussée par la Commission du Sénat, qui y avait substitué l'interdiction seulement d'y mener paître les bestiaux avant la consommation ou la fauchaison des premières herbes. Elle ne fut rétablie que lors du vote en deuxième délibération, au Sénat, sur la proposition de M. Xavier Blanc. « En 1791, dit-il, que voulait-on

____

(1) BÉQUET, v° COMMUNE, n° 2396, et les deux arrêtés relatés en note ; Cass., 4 déc. 1848, et Aix, 9 mars 1854.

(2) BÉQUET, n°ˢ 2397 et 2403.

quand on affranchissait les prairies artificielles et quand, au contraire, on laissait les prairies naturelles assujetties à la vaine pâture? On voulait marquer la différence, la limite entre les propriétés qui portaient l'empreinte du travail de l'homme et celles qui ne devaient leur fécondité qu'à leur nature même... Qu'était, en ce temps, la prairie naturelle? Elle était tout simplement le fruit d'un ensemencement dont l'origine se perdait dans la nuit des temps, auquel n'avait peut-être même pas participé la main de l'homme; elle n'était jamais l'objet d'une culture et n'était point soumise aux vicissitudes de l'assolement. Elle n'était pas, comme de nos jours, l'objet d'amendements, de fumures, de drainages, d'irrigations savamment, habilement organisées... Pourriez-vous aujourd'hui considérer les prairies naturelles comme pouvant être assimilées à ces prairies naturelles qu'avait en vue le législateur de 1791? Nos prairies naturelles ne sont-elles pas l'objet le plus particulier de la culture et des soins du propriétaire? Qu'est-ce qui constitue l'âme d'une propriété, d'un domaine? C'est la prairie naturelle. On a reconnu depuis longtemps qu'autant la prairie artificielle est sujette à toutes les vicissitudes du climat, de la sécheresse et des intempéries, autant la prairie naturelle y est résistante. Et c'est toujours elle qui fournit les ressources nécessaires pour assurer l'alimentation du bétail et, par conséquent, l'engraissement non seulement de la prairie elle-même, mais encore de toutes les autres cultures. Il en résulte qu'aujourd'hui la prairie naturelle ne peut pas être considérée comme la prairie qu'en 1791 on avait laissée assujettie provisoirement à la vaine pâture... (1). »

(1) *Journ. off.*, 26 mai 1878, p. 5770.

43. — La prohibition édictée dans l'article 5 est *absolue*. Il n'y a pas lieu de rechercher à cet égard si elle existait ou non autrefois dans les usages locaux, si les terrains pour lesquels elle est prononcée sont ou non improductifs, si un dommage est ou non possible.

Ainsi, le juge de police saisi d'une poursuite en contravention ne pourrait relaxer le prévenu sous le prétexte que les usages locaux autorisent de mener des vaches sur une pièce de trèfle à tête et bon à faucher (1), ni sur ce que la prairie semée en sainfoin, sur laquelle le troupeau a été trouvé paissant, était dépouillée de sa récolte et destinée au labour (2), ni sur le simple motif que le terrain ne produit ni fruits ni récolte (3).

44. — Une troisième exception résulte encore de l'article 479, § 10 du Code pénal, qui interdit de mener sur le terrain d'autrui des bestiaux, notamment « dans les vignes, oseraies, dans les plants de câpriers, dans ceux d'oliviers, de mûriers, de grenadiers, d'orangers, d'arbres du même genre, dans tous les plants ou pépinières d'arbres fruitiers ou autres, faits de main d'homme ».

45. — Que décider relativement aux *bois?* Dans l'ancien droit, il paraît résulter de quelques coutumes que la vaine pâture s'exerçait sur les bois de haute futaie et sur les bois taillis après le quatrième ou le cinquième bourgeon (4). La règle inverse est universellement ad-

---

(1) Cass. ch. crim., 24 avril 1873, D., 73, 1, 317.
(2) Cass. ch. crim., 7 janv. 1859, B., 6, p. 8.
(3) Cass. ch. crim., 29 janv. 1858, B., 26, p. 48 ; — 29 août 1861, B., 201, p. 334.
(4) Coutume de Troyes, art. 170 ; — Coutume du Nivernais, ch. III art. 5 : BRILLON, *Dictionnaire des arrêts*, v° PATURAGE, n° 6 ; — MERLIN, *Répert.*, v° VAINE PATURE.

mise aujourd'hui. « L'introduction des bestiaux à ce titre dans un bois pourrait causer de grands dommages à la personne à laquelle il appartient, une surveillance incessante étant presque impossible de la part de cette dernière. Par la nature même des choses, l'abus du droit serait plus préjudiciable pour le maître d'une forêt que pour un propriétaire rural. Il faut ajouter que le pâturage dans les bois a lieu toute l'année, tandis que le parcours et la vaine pâture ne s'exercent qu'à certaines époques. Enfin, il serait presque toujours impossible aux communes et aux particuliers de se mettre dans des rapports de réciprocité quant à la pâture avec les propriétaires des forêts (1). »

46. — Le premier paragraphe de l'article 6 consacre le *droit absolu pour le propriétaire de modifier la culture de son terrain*, d'user, quand bon lui semble, d'un nouveau mode d'assolement. La jurisprudence avait déjà admis ce principe, tout en reconnaissant que ce droit ne devait pas dégénérer en abus (2).

C'était surtout relativement aux prairies naturelles que les difficultés sur les modes d'assolement s'étaient élevées. En présence de l'innovation de l'article 5, la question perd donc une grande partie de son intérêt.

2° Mode d'exercice

(1) Béquet, v° Commune, n° 2387 ; voir aussi Curasson, *Code forestier*, II, p. 217.
(2) Dalloz, *J. G.*, v° Droit rural, n°ˢ 58 et 59, et les arrêts cités.

ART. 4.

La vaine pâture s'exercera soit par troupeau séparé, soit au moyen du troupeau en commun, conformément aux usages locaux, sans qu'il puisse être dérogé aux dispositions des articles 647 et 648 du Code civil (1) et aux règles expressément établies par la présente loi.

ART. 7.

L'usage du troupeau en commun n'est pas obligatoire.

Tout ayant droit peut renoncer à cette communauté et faire garder par troupeau séparé le nombre de têtes de bétail qui lui est attribué par la répartition générale.

ART. 8.

La quantité de bétail proportionnée à l'étendue du terrain de chacun est fixée dans chaque commune ou section de commune entre tous les propriétaires ou fermiers exploitants, domiciliés ou non domiciliés, à tant de têtes par hectare, d'après les règlements et usages locaux. En cas de difficulté, il y est pourvu par délibération du Conseil municipal soumise à l'approbation du préfet.

(1) Voir leur texte *suprà*, n° 38, en note.

Art. 9.

Tout chef de famille domicilié dans la commune, alors même qu'il n'est propriétaire ni fermier d'une parcelle quelconque des terrains soumis à la vaine pâture, peut mettre sur lesdits terrains, soit par troupeau séparé, soit dans le troupeau commun, six bêtes à laine et une vache avec son veau, sans préjudice des droits plus étendus qui lui seraient accordés par l'usage local ou le titre.

47. — Toutes ces dispositions sont à peu près reproduites du Code rural de 1791 (1).

Le principe, c'est que la vaine pâture s'exerce suivant les modes déterminés par délibération du Conseil municipal et par arrêté du maire. Nous examinerons, sous

(1) Loi des 28 septembre-6 octobre 1791 :

Art. 12. — Dans les pays de parcours ou de vaine pâture soumis à l'usage du troupeau en commun, tout propriétaire ou fermier pourra renoncer à cette communauté, et faire garder par troupeau séparé un nombre de têtes de bétail proportionné à l'étendue des terres qu'il exploitera dans la paroisse.

Art. 13. — La quantité de bétail, proportionnellement à l'étendue du terrain, sera fixée, dans chaque paroisse, à tant de bêtes par arpent, d'après les règlements et usages locaux, et, à défaut de documents positifs à cet égard, il y sera pourvu par le Conseil général de la commune.

Art. 14. — Néanmoins, tout chef de famille domicilié qui ne sera ni propriétaire ni fermier d'aucun des terrains sujets au parcours ou à la vaine pâture et le propriétaire ou fermier à qui la modicité de son exploitation n'assurerait pas l'avantage qui va être déterminé pourront mettre sur lesdits terrains, soit par troupeau séparé, soit en troupeau en commun, jusqu'au nombre de six bêtes à laine et d'une vache avec son veau, sans préjudicier aux droits desdites personnes sur les terres communales, s'il y en a dans la paroisse, et sans entendre rien innover aux lois, coutumes ou usages locaux et de temps immémorial qui leur accorderaient un plus grand avantage.

l'article 11, les conditions de légalité de ces délibérations et arrêtés.

A défaut de règlements municipaux, le droit s'exerce suivant les usages locaux. Les anciens usages subsistent en effet : ni la loi de 1791 ni la loi nouvelle ne les abrogent, du moins dans celles de leurs dispositions qui ont pour effet d'atténuer les inconvénients de la vaine pâture. Mais, bien entendu, ils ne sauraient être invoqués à l'encontre d'une disposition formelle de la loi (1). Ainsi, la prohibition qui résulte, dans le ressort des coutumes de Vermandois et de Vitry-le-François, de divers arrêts de règlement du Parlement de Paris, et notamment de celui en date du 5 avril 1788, de faire pâturer les moutons et les brebis dans les prés, a été, sous l'empire de la loi de 1791, formellement consacrée par la jurisprudence (2).

48. — Par suite du droit qu'elle reconnaît aux Conseils municipaux de réglementer les modes d'exercice de la servitude de vaine pâture et du maintien des coutumes locales, on comprend que la loi ne contienne que peu de règles à ce sujet.

Les articles 4, 7 et 8 n'en énoncent, en effet, que deux. Elles ont trait à l'usage du troupeau en commun et à la détermination de la quantité de bétail que chaque propriétaire ou fermier est autorisé à faire paître dans les propriétés asservies.

49. — Encore faut-il remarquer, relativement à la détermination de la quantité de bétail, qu'elle ne fait que consacrer la règle générale, et s'en remettre aux usages et règlements locaux.

(1) Cass. Req., 28 avril 1873, D., 74, 1, 174.
(2) Cass. ch. crim., 27 mai 1859, B., 139, p. 234.

Il est rare que les usages ne précisent pas, dans chaque commune ou section de commune, le nombre de têtes de bétail que chaque propriétaire ou fermier exploitant peut conduire à la vaine pâture : ce nombre est généralement en proportion de l'étendue du terrain que chacun d'eux possède ou exploite.

Mais ces usages ne peuvent être constants ; l'expérience peut faire sentir le besoin de les modifier. En ce cas, le Conseil municipal en délibère conformément à l'article 68 de la loi du 5 avril 1884. Cette délibération doit être soumise à l'approbation du préfet. «Il est bon d'accorder aux parties lésées un recours contre les décisions des représentants de la commune. Les Conseils municipaux ne sont pas toujours dans de parfaites conditions d'impartialité. Il arrivera, très rarement sans doute, mais enfin il peut arriver qu'un Conseil municipal, composé en majorité d'habitants non propriétaires, restreigne outre mesure le nombre de têtes de bétail attribué proportionnellement à l'étendue de la propriété. Dans d'autres communes, si le Conseil était dominé par un nombre suffisant de grands propriétaires, l'inconvénient opposé pourrait se produire, et le nombre de bêtes par hectare pourrait être élevé de façon à rendre presque inefficace le droit réservé aux pauvres (1).»

D'ailleurs, nous le verrons sous l'article 11, toutes les délibérations des Conseils municipaux portant réglementation de la vaine pâture ne sont exécutoires qu'après approbation du préfet.

En l'absence d'un règlement ou d'un usage spécial fixant le nombre de têtes, il faut décider que la faculté pour chaque propriétaire ou fermier d'envoyer ses

---

(1) Exposé des motifs du projet du gouvernement: *Journ. off.* du 31 octobre 1876, p. 7807.

bestiaux au pâturage est identique en faveur de tous les ayants droit, quelle que soit l'importance respective de leurs exploitations (1).

50. — L'article 9, emprunté presque textuellement à la loi de 1791, donne à tout chef de famille, lors même qu'il n'est ni propriétaire ni fermier d'aucun des terrains soumis à la vaine pâture, le droit de conduire sur ces terrains, soit par troupeaux séparés, soit dans le troupeau commun, six bêtes à laine et une vache avec son veau. C'est la *part du pauvre dans la vaine pâture*.

Cette détermination, d'ailleurs, n'a rien de limitatif. Si l'usage local fait au pauvre une part plus considérable, la loi maintient cet usage bienfaisant. « Elle donne à ceux qui n'ont pas, mais elle ne veut rien enlever à ceux qui ont. Cette disposition de nos lois est celle qui a conservé le plus de partisans à la vaine pâture. Il est peut-être plus d'un département où la brusque suppression de ce droit des pauvres causerait de vraies souffrances (2). »

51. — *L'usage du troupeau en commun* n'est pas obligatoire, aux termes de l'article 7. Tout ayant droit peut donc renoncer à cette communauté et faire garder par troupeau séparé le nombre de bêtes de bétail qui lui est attribué dans la répartition générale. L'article 4 déclare encore que la vaine pâture s'exerce soit par troupeau séparé, soit au moyen du troupeau en commun. Cette règle avait été déjà admise dans l'article 12 de la loi de 1791.

Dans les pays soumis à l'usage du troupeau en com-

<hr>

(1) Cass. Req., 11 mai 1869, D., 69, 1, 421.
(2) Exposé des motifs du gouvernement, *eod.*, p. 7808.

mun, il appartient au maire de désigner le *pâtre commun*. L'arrêté qui le désigne est obligatoire ; et la jurisprudence en a déduit cette conséquence que deux ou
plusieurs propriétaires ne pourraient s'entendre pour
confier à un autre la conduite de leurs bestiaux (1) ; elle
a même étendu cette prohibition au cas où le maire,
s'en rapportant aux anciens usages, n'a pas usé du
droit de nommer le berger communal (2). On a donné
deux raisons de cette défense : la première, c'est
que le troupeau unique, dans chaque localité, rend
plus avantageux l'exercice de la compascuité; la seconde, c'est qu'elle empêche que certaines personnes
qui possèdent un plus grand nombre de bestiaux qu'il
ne leur est permis d'en envoyer au pâtre commun
ne s'entendent avec celles qui en auraient moins qu'elles
et ne profitent exclusivement d'un avantage qui doit
tourner au profit de tous. Ces raisons ne sont pas très
concluantes, et il eût été à désirer que la restriction
que la jurisprudence fait découler des termes de l'article 12 de la loi de 1791 ne fût pas maintenue. Tel
était aussi l'avis de la Commission du Sénat. « Devions-
nous protester, écrivait le rapporteur, par une revision
de texte contre la jurisprudence qui a interdit aux
habitants d'une commune de former entre eux, à deux
ou à plusieurs, des troupeaux séparés ? Notre désir
de faire disparaître tout ce que le maintien du droit a
d'inconvénients graves au point de vue de la liberté
d'exploitation a cédé devant la nécessité de respecter
les conséquences forcées de la société de pâturage organisée entre tous les intéressés (3). » On doit donc

---

(1) Cass. ch. crim., 28 nov. 1879, D., 79, 1, 89 ; 9 février, 5 octobre
1838 et 2 déc. 1841, DALLOZ, *J. G.*, v° COMMUNE, n° 814, en note.
(2) Cass. ch. crim., 28 nov. 1878, D., 80, 1, 89.
(3) Rapport de M. MALENS.

considérer la jurisprudence sur ce point comme subsistant sous l'empire de la loi nouvelle.

52. — C'est aux Conseils municipaux qu'il appartient de répartir le pâturage entre chaque troupeau particulier et le troupeau commun.

Il arrive parfois qu'il réserve aux propriétaires et fermiers qui en ont fait la déclaration la faculté de conduire leurs bestiaux dans leurs propres prés, et les exclut, par réciprocité, de toute participation à la vaine pâture sur les autres prés assignés expressément au troupeau commun : cette répartition n'a rien d'illégal.

53. — En ce qui concerne l'étendue du droit de vaine pâture, il n'existe aucun texte. Mais il est généralement admis que la vaine pâture emporte avec elle l'usage de ce qui est nécessaire pour s'y livrer. Ainsi, le gardien d'un troupeau peut être logé dans une cabane mobile (1).

3° Personnes auxquelles elle profite.

SOMMAIRE

Texte de l'article 10.
54. — Détermination des ayants droit.
55. — Exception relative aux communaux.
56. — Interdiction de céder son droit.

Art. 10

Le droit de vaine pâture doit être exercé directement par les ayants droit et ne peut être cédé à personne.

______

(1) Béquet, v° Commune, n° 2386.

54. — Quels sont les *ayants droit* dont parle l'article 10 ? Ils sont énumérés dans l'article 8. Ce sont les *propriétaires ou fermiers exploitants domiciliés ou non domiciliés.* Ajoutons, avec l'article 9, *les chefs de famille domiciliés dans la commune, alors même qu'ils ne sont ni propriétaires ni fermiers.*

Dans l'ancien droit, la question de savoir si le droit à la vaine pâture appartenait aux propriétaires non domiciliés dans la paroisse était controversée. Certaines coutumes admettaient l'affirmative, mais le plus grand nombre émettaient l'opinion contraire.

Depuis la loi de 1791, cette question ne fait plus de doute. L'article 15 de cette loi accordait expressément aux propriétaires ou fermiers exploitant des terres sur les paroisses sujettes au parcours et à la vaine pâture et dans lesquelles ils ne seraient pas domiciliés les mêmes droits qu'aux habitants.

C'est le même principe qu'a reproduit la loi nouvelle ; et ce principe est des plus justes. « Le propriétaire qui n'habite pas la commune, le fermier, dont le principal établissement est situé dans la commune voisine, contribuent par leurs propriétés, malgré l'éloignement de la personne, à la pâture commune. On ne pourrait donc, sans injustice, leur refuser d'y prendre part (1). »

L'étranger lui-même qui a son domicile réel et fixe dans la commune peut donc participer à la jouissance des pâturages communaux, sans qu'il ait à justifier qu'il s'est fait naturaliser Français ou qu'il a obtenu du Gouvernement l'autorisation d'établir son domicile en France (2).

---

(1) Exposé des motifs du Gouvernement, *eod.*, p. 7808.
(2) Cass. ch. crim., 21 juin 1861, B., 129, p. 219.

55. — Une exception est toutefois admise à l'égard des *biens communaux*, qui peuvent être exclusivement réservés aux habitants. La vaine pâture sur ces biens peut donc être défendue à ceux qui n'habitent pas la commune, alors même qu'ils y exploiteraient des terres (1).

56. — L'article 15 de la loi de 1791 formulait déjà, mais pour les propriétaires non-résidants seulement, *l'interdiction de céder le droit de vaine pâture* (2).

Notre article 10 généralise cette interdiction et déclare que la vaine pâture doit être exercée directement par les ayants droit. « La vaine pâture appartient à qui a des troupeaux pour en profiter. Si l'on n'a pas de troupeau, le droit n'existe pas et ne peut être aliéné. La cession du droit à la vaine pâture rendait la surveillance plus difficile ; elle était une source d'abus quand on transmettait à d'autres communistes, et une cause de collision lorsque le droit était cédé à des forains (3). »

(1) Cass. h. crim., 21 février 1863, B., 60, p. 98.

(4) Loi des 28 septembre-6 octobre 1791. Art. 15. — « Les propriétaires ou fermiers exploitant des terres sur les paroisses sujettes au parcours ou à la vaine pâture, et dans lesquelles ils ne seraient pas domiciliés, auront le même droit de mettre dans le troupeau commun, ou de faire garder par troupeau séparé une quantité de têtes de bétail proportionnée à l'étendue de leur exploitation, et suivant les dispositions de l'article 18 de la présente section ; mais, dans aucun cas, ces propriétaires ou fermiers ne pourront céder leurs droits à d'autres. »

(3) Exposé des motifs du Gouvernement, *eod.*, p. 7808.

4° Droit de réglementation accordé à l'autorité municipale.

ART. 11.

Les Conseils municipaux peuvent toujours, conformément aux articles 68 et 69 de la loi du 5 avril 1884, prendre des arrêtés pour réglementer le droit de vaine pâture, notamment pour en suspendre l'exercice en cas d'épizootie, de dégel ou de pluies torrentielles; pour cantonner les troupeaux de différents propriétaires ou les animaux d'espèces différentes, pour interdire la présence d'animaux dangereux ou malades dans les troupeaux.

57. — Nous avons vu que le droit de vaine pâture s'exerçait suivant les usages locaux et les règlements de l'autorité municipale.

Bien que le droit général de réglementation ne fût point expressément édicté dans la loi de 1791, la jurisprudence n'avait pas hésité à reconnaître aux « administrations municipales » le droit de régler, dans chaque commune, l'exercice du parcours et de la vaine pâture et d'ordonner toutes les mesures propres à en prévenir et à en réprimer l'abus, à empêcher toutes les entreprises qui pourraient détériorer les pâturages (1).

Depuis, l'article 19, § 8, de la loi du 18 juillet 1837 a explicitement reconnu ce droit en chargeant les Conseils municipaux de délibérer sur le parcours et la vaine pâture.

La loi de 1837 est abrogée; mais elle a été remplacée par celle du 5 avril 1884, qui, dans son article 68 mentionne la vaine pâture parmi les objets sur lesquels les Conseils municipaux peuvent être appelés à délibérer (2).

Le droit de réglementation étant admis, nous avons à rechercher :

1º Les caractères généraux des règlements municipaux ;

2º Les objets sur lesquels ils peuvent porter.

58. — 1º *Caratères généraux des règlements municipaux.* — La réglementation des droits de vaine pâture a une grande importance dans les communes; elle soulève parfois des questions délicates, et elle peut porter atteinte à des droits acquis. Aussi l'article 68 de la loi du 5 avril 1884 a-t-il exigé que les délibérations des Conseils municipaux qui y sont relatives soient soumises à *l'approbation du préfet;* l'article 69, § 2 a même décidé que cette approbation ne pourrait être

(1) DALLOZ, *J. G.*, Vº COMMUNE, nᵒˢ 799, 800, 810, 815 et suiv.
(2) Circ. min. int., 15, 1884. *Bull. min. int.*, 1884, p. 244.

donnée par le préfet qu'en Conseil de préfecture, c'est-à-dire après avoir pris l'avis du Conseil de préfecture (1).

Le rôle du préfet se borne d'ailleurs à donner ou à refuser sur autorisation; il ne pourrait, sans excéder ses pouvoirs, modifier la délibération qui lui est soumise et y introduire des dispositions nouvelles (2).

A défaut d'approbation, la délibération du Conseil municipal n'a aucune force obligatoire : elle est dépourvue de toute sanction, et le juge de police ne pourrait en faire la base d'une condamnation (3).

Le refus d'approbation d'une délibération qui n'a fait que s'approprier un règlement antérieur emporte révocation de ce règlement (4).

59. — C'est aux maires qu'il appartient de publier et de porter à la connaissance du public, par voie d'*arrêtés*, les délibérations des Conseils municipaux (5).

Il leur appartient également lorsque le droit de vaine pâture n'est réglementé que par les usages locaux d'en rappeler les dispositions aux habitants de leur commune (6).

Mais leur arrêté n'est légal et obligatoire qu'autant qu'il est pris pour assurer l'exécution de délibérations régulièrement approuvées où d'usages constants; il ne pourrait en modifier la teneur et en changer les

---

(1) *Eod.*
(2) Cons. d'Ét., 18 avril 1861, commune de Kœur-la-Grande, 277.
(3) Cass. ch. crim., 15 mars 1862, D., 64, 1, 243 ; 23 janv. 1862, B., 82, p. 40 ; 20 février 1857, B., 76, p. 120.
(4) Cass. ch. crim., 15 nov. 1861, D., 64, 1, 244.
(5) Cass. ch. crim., 30 déc. 1853, D., 53, 5, 465 ; 19 août 1859, D., 60, 5, 407.
(6) Arrêts des 19 août 1859 et 30 décembre 1853 précités.

règles (1). Ainsi, on doit considérer comme nul l'arrêté pris par le maire seul, ou même à la suite d'une délibération du Conseil municipal non approuvée par le préfet, qui déclare que la vaine pâture ne s'exercera qu'à une époque qu'il fixera ultérieurement (2). Est encore illégal l'arrêté qui, sans se fonder sur une délibération régulière ou sur un usage ancien, interdit l'accès de certains champs aux moutons et brebis (3), ou celui qui se fonde, pour prescrire une mesure quelconque, sur une délibération que le préfet n'a pas encore approuvée (4).

60. — 2° *Objets sur lesquels peuvent porter les règlements municipaux.* — Le droit le plus important qui appartienne aux Conseils municipaux est assurément celui de fixer le *nombre des animaux* qui pourront pacager ; droit qui lui est expressément conféré, comme nous l'avons vu, par l'article 8.

Son pouvoir à cet égard est très étendu. Il peut, par exemple, faire varier ce nombre d'après les saisons et le plus ou moins d'abondance des pâturages (5), ou encore le déterminer suivant la cote de contributions foncières payée par chaque habitant (6).

61. — C'est également au Conseil municipal à arrêter la *liste des personnes* qui ont droit au pâturage. Nous savons que ce droit appartient à tous les habi-

---

(1) Cass. ch. crim., 19 déc. 1863, D. 64, 1, 243 ; 19 août 1859, D., 60, 5, 407.

(2) Cass. ch. crim., 19 déc. 1863, D., 64, 1, 243.

(3) Cass. ch. crim. 20 janv. 1876, D., 76, 1. 459 ; 19 août 1859, D. 60, 5, 407.

(4) Cass. ch. crim., 23 janv. 1862, D., 64, 1, 243.

(5) Cass. ch. crim., 3 mai 1850, D., 50, 5, 459.

(6) Cass. ch. crim., 5 avril 1845, D., 45, 1, 248.

tants de la commune sans exception et aussi aux propriétaires qui y exploitent des terres sans y être domiciliés. Mais il arrive souvent que les Conseils municipaux réservent (*supra*, n° 55) les communaux aux seuls habitants, et interdisent, dans un intérêt agricole, la vaine pâture à l'égard des marchands qui font commerce de bestiaux ou de ceux qui tiennent les bestiaux à loyer pour les nourrir et les engraisser. Ces deux restrictions sont parfaitement légales (1).

Pour arriver à la fixation des droits respectifs des intéressés, le Conseil municipal est autorisé à or·donner que chaque propriétaire fera à la mairie une déclaration détaillée de ses terres, accompagnée de pièces justificatives, d'après laquelle sera arrêté le nombre de têtes de bétail qu'il pourra conduire à la vaine pâture (2).

62. — Le Conseil municipal peut, et il usait fréquemment de ce droit jusqu'à ce jour, fixer l'*époque* à partir de laquelle et jusqu'à laquelle le droit de vaine pâture pourra s'exercer. Aujourd'hui, par suite de la mise en défense absolue des prairies naturelles, il semble que cette faculté a perdu beaucoup de son intérêt.

Remarquons que l'interdiction de faire pacager pendant que la vaine pâture n'est pas ouverte s'applique au propriétaire lui-même, à l'égard de celles de ses terres qui sont soumises à la servitude. Ainsi, sous l'empire de la loi de 1791 qui autorisait la vaine pâture sur les prairies naturelles, on n'admettait pas le

____

(1) BÉQUET, v° COMMUNE, n° 2388, et les arrêts cités.
(2) Cass. ch. crim., 1er juillet 1859, D., 59, 5, 388.

propriétaire à faire paître librement ses bestiaux sur ses prés avant l'époque de l'ouverture ; on en donnait pour raison que les terrains grevés de la servitude de vaine pâture ne peuvent comporter successivement une pâture privée et une pâture commune (1). Il a été formellement expliqué dans le Rapport de la Commission du Sénat que la loi n'a rien changé au principe admis par la jurisprudence (2).

63. — Le Conseil municipal peut encore déterminer des *cantonnements*.

On appelle cantonnement l'attribution au profit de quelques habitants de la commune du droit exclusif de jouir de la vaine pâture sur certaines parties du territoire, à charge par eux de renoncer à leurs droits sur les autres, et même sur leurs propres fonds.

Le terrain exclu du pâturage commun par un cantonnement régulier doit être réputé terrain d'autrui, car l'effet légal du cantonnement est de substituer des droits privatifs à une jouissance indivise. On en conclut que l'introduction de bestiaux autres que ceux appartenant aux propriétaires cantonnés, sur les terres comprises dans le cantonnement, est réprimée par l'article 479, § 10 du Code pénal (3).

Le cantonnement est presque toujours pratiqué dans les communes divisées en plusieurs sections. Mais les habitants d'une section n'en conservent pas moins, en principe, le droit d'exercer la vaine pâture sur la totalité du territoire de la commune, lorsqu'il n'existe

---

(1) Dalloz, *J. G.*, v° Commune, n° 812; Cass. ch. crim., 8 janv. 1857, D., 57, 5, 335.

(2) Rapport de M. Malens.

(3) Cass. ch. crim., 6 mai 1865, B., 108, p. 195; 2 déc. 1864, B., 274, p. 387.

aucune prohibition à cet égard dans les règlements (1).

Il est aussi prononcé à l'égard des troupeaux malades. Les propriétaires de troupeaux malades ne sont pas, en effet, à cause de cela, privés de leurs droits : seulement on leur impose certaines précautions; on leur désigne certaines terres séparées sur lesquelles ils pourront envoyer leurs troupeaux.

L'article 10 reconnaît encore expressément le droit aux Conseils municipaux de distribuer les diverses espèces de bétail sur les diverses parties du territoire. Ainsi, il peut affecter tel cantonnement à la dépaissance des vaches, tel autre à celle des chevaux, ou se borner à interdire un certain canton à une espèce d'animaux, tels que les moutons. Une décision du ministre de l'intérieur du 18 septembre 1837 déclare que l'autorité supérieure ne doit pas accueillir les réclamations contre un règlement de ce genre, quand le cantonnement n'est pas insuffisant (2).

Une autre décision ministérielle, du 4 octobre 1837, déclarait que la délibération qui cantonne les propriétaires de troupeaux, nonobstant l'opposition de ces propriétaires, n'est pas obligatoire lorsque ce mode n'est prescrit ni par l'usage ni par des titres particuliers (3). Mais il a été jugé qu'un tel cantonnement n'a rien d'illégal et qu'il était même irrévocable, sauf clôture, lorsqu'il était fondé sur un usage immémorial. Qu'il soit parfaitement légal, cela nous paraît incontestable, car la mesure dont il s'agit a évidemment pour but et pour effet, dans l'intérêt de tous, de faciliter l'exercice de la servitude. Mais qu'il soit irrévocable, nous l'admettrions plus difficilement, car les

---

(1) Cass. ch. crim., 28 avril 1848, D., 48, 5, 363.
(2) DALLOZ, *J. G.*, v° COMMUNE, n° 831.
(3) DALLOZ, *J. G.*, v° COMMUNE, n° 798.

changements survenus dans les cultures et les dispositions locales peuvent modifier absolument l'ancien
état de choses et rendre nécessaire un nouveau règlement.

64. — La loi accorde encore aux Conseils municipaux le *droit de suspendre l'exercice de la vaine pâture*
dans le cas où cet exercice serait de nature à porter
atteinte à des intérêts agricoles, par exemple, en cas
de dégel ou de pluies torrentielles, ou serait un danger
pour les bestiaux, par exemple, en cas d'épizootie.

Ils peuvent également interdire, d'une façon absolue,
la présence dans les troupeaux d'animaux dangereux,
nuisibles ou malades.

65. — Si étendu que soit en cette matière le pouvoir
du Conseil municipal, il ne peut aller jusqu'à porter
atteinte à un droit de propriété.

Se fondant sur ce principe, on avait soutenu qu'un
règlement sur la vaine pâture n'est pas obligatoire
pour les propriétaires qui mettent leurs bestiaux sur
leurs propres terres. Mais il a été répondu avec raison
que lorsqu'un arrêté réglemente la vaine pâture, il y a
deux droits en présence : celui du propriétaire de jouir
de sa chose et celui de la commune de jouir de la servitude; qu'il ne saurait être porté atteinte à ce dernier
droit, et que, par suite, le propriétaire doit user de sa
chose comme les autres habitants et non suivant sa
volonté. Il en est de même du fermier (1).

66. — Les Conseils municipaux ne peuvent non
plus apporter, par leurs délibérations, à l'exercice du
droit de vaine pâture aucune *restriction susceptible d'en*

(1) Dalloz, *J. G.*, vᵒ Commune, nᵒˢ 808 et suiv. Voir *suprà*, nᵒ 62.

altérer ou changer la nature (1). Ainsi, ils ne pourraient interdire la vaine pâture pendant toute l'année sur des terrains qu'ils désigneraient à tort comme étant constamment ensemencés (2), ni en affranchir des terres qui y sont légalement soumises, sans distinguer si cet affranchissement est perpétuel (3) ou seulement momentané (4). Ils ne pourraient non plus défendre de mener les bestiaux sur les propriétés d'autrui sans en avoir obtenu une autorisation par écrit, visée par le maire ou le commissaire de police (5).

La jurisprudence leur reconnaît toutefois le droit d'affranchir partiellement de la vaine pâture les propriétés d'une certaine étendue, lorsqu'un ancien usage autorise cet affranchissement, permet, par exemple, aux propriétaires de biens ayant une étendue de plus de dix hectares de soustraire à la servitude le tiers de ces biens (6).

67. — Ce serait gêner et restreindre l'exercice du droit que d'assujettir la vaine pâture au payement d'une *redevance* par tête de bétail. Le Conseil municipal qui voterait cette taxe outrepasserait évidemment ses pouvoirs (7). Il ne lui est même pas permis, pour les mêmes raisons, d'affermer la vaine pâture des fonds et chemins communaux, bien que l'étendue des territoire de la commune excède les besoins de ses habitants (8).

---

(1) Cass. ch. crim., 19 août 1859, D., 60, 5, 407 ; 5 février 1859, D., 60, 5, 403 ; 22 janvier 1859, D., 60, 1, 382.
(2) Cass. ch. crim., 9 sept. 1853, D., 56, 5, 466.
(3) Cass. ch. crim., 4 mai 1848, D., 48, 5, 363.
(4) Cass. ch. crim., 10 mars 1854, D., 54, 5, 774.
(5) Cass. ch. crim., 5 février 1859, D., 60, 5, 403.
(6) Cass. Req., 17 avril 1849, D., 49, 5, 391.
(7) DALLOZ, *J. G.*, v° DROIT RURAL, n° 88.
(8) Paris, 9 août 1860, D., 61, 5, 521.

Toutefois, dans le cas où il existe un pâtre commun, il peut, bien évidemment, imposer une taxe pour le paiement de ce pâtre ; mais cette taxe ne pourra être imputée qu'aux seuls habitants qui ont des bestiaux dans les pâturages communs ; elle ne saurait être imposée à ceux qui usent de la faculté du troupeau séparé et font garder leur bestiaux par un pâtre particulier (1).

68. — Le droit des Conseils municipaux de réglementer la vaine pâture doit se concilier avec le *droit des maires de pourvoir à la police rurale.*

Nous avons déjà vu (*suprà* n° **59**) qu'il appartient aux maires de faire publier les délibérations des Conseils municipaux qui ont reçu l'approbation du préfet et d'assurer l'exécution des anciennes coutumes locales. Dans cette mesure leur arrêtés sont obligatoires.

Ils peuvent encore prendre des arrêtés pour empêcher que la vaine pâture ne s'exerce autrement que ne le prescrivent les lois (2) et ordonner les mesures spéciales qui échapperaient à la compétence des Conseils municipaux. Ainsi, il est de règle que le Conseil municipal ne peut régler l'usage des pâturages communs que comme jouissance donnant droit à des fruits. Après cela, le pouvoir du maire de maintenir la police rurale peut encore trouver son application. Serait, en conséquence, légal l'arrêté qui interdirait, par exemple, sur les terres soumises à la vaine pâture de couper les herbes, de ramasser les fientes d'animaux, etc. (3). De même, l'arrêté qui prohibe-

---

(1) Cons. d'État, 4 mars 1858, Forin, 192 ; 9 juin 1849, Lefèvre, 319.
(2) Dalloz, *J. G.*, v° Commune, n° 827.
(3) Béquet, v° Commune, n° 2409.

rait la vaine pâture sur les chemins vicinaux (1).

Les arrêtés des maires, pris dans le cercle de leurs attributions légales, sont immédiatement exécutoires après leur publication, lorsqu'ils ne contiennent pas règlement permanent. Dans le cas contraire, c'est-à-dire lorsqu'ils disposent d'une manière générale et pour un temps indéfini, ils ne sont exécutoires qu'un mois après la remise de l'ampliation constatée par les récépissés délivrés par le sous-préfet et le préfet, sauf le droit, pour ce dernier, s'il y a urgence, d'en ordonner l'exécution immédiate. (Art. 95 et 96 de la loi du 5 avril 1884.)

§ IV

DE LA VAINE PATURE ÉTABLIE A TITRE PARTICULIER

SOMMAIRE

Texte de l'article 12.
69. — La vaine pâture établie à titre particulier n'est pas supprimée.
70. — Mode d'exercice.
71. — Droit de rachat.
72. — Droit de cantonnement.
73. — Suite : ces deux droits s'appliquent aux communes.
74. — Question relative au droit de se clore.

ART. 12.

La vaine pâture établie à titre particulier sur un héritage déterminé s'exerce conformément aux droits

(1) Cass. ch. crim., 1ᵉʳ déc. 1854, D., 54, 5, 784.

acquis. Mais le propriétaire de l'héritage grevé peut toujours l'affranchir, soit moyennant indemnité fixée à dire d'experts, soit par voie de cantonnement.

69. — Nous savons déjà (*suprà* n° **24**) que la suppression du droit de vaine pâture prononcée par l'article 2 ne concerne que le droit qui est établi en faveur de la généralité des habitants et qui porte en même temps sur la généralité du territoire d'une commune ou d'une section de commune ; que cette suppression n'a, par conséquent, aucun trait aux servitudes de vaine pâture établies sur un héritage déterminé soit au profit d'un particulier, soit au profit de plusieurs ou même de l'ensemble des habitants de la commune.

On comprend que la loi n'ait pas prononcé l'abolition des servitudes qui affectent un héritage déterminé, car les servitudes de cette espèce ne peuvent résulter que d'un titre ou d'une prescription acquise antérieurement au Code civil. Elle se trouvait donc en présence de deux droits contraires et également respectables : d'un côté, le droit des bénéficiaires, dont les auteurs avaient légalement acquis la servitude, soit à titre gratuit, soit à titre onéreux, et qui se prévalaient de leur titre ; d'un autre côté, le droit du propriétaire pour lequel la servitude est souvent une cause de gêne et d'entrave au progrès. Elle a cherché à concilier ces deux droits en confirmant les bénéficiaires dans l'exercice de la servitude et en autorisant le propriétaire à affranchir sa propriété soit par voie de cantonnement, soit par voie de rachat.

Remarquons d'ailleurs que, souvent, les servitudes de cette nature sont réciproques, c'est-à-dire établies à la fois pour le profit et à la charge de deux ou plusieurs propriétaires déterminés.

70. — La vaine pâture établie à titre particulier sur un héritage déterminé, dit l'article 11, s'exerce conformément aux droits acquis. C'est donc suivant le titre originaire ou, à défaut de titre primordial, suivant les usages constants qu'est réglé cet exercice. Les dispositions des articles 4 à 11 que nous venons d'étudier ne sont pas applicables.

Notamment, nous tenons à le faire bien observer, l'interdiction de la vaine pâture sur les prairies naturelles n'existe pas, s'il résulte du titre ou de l'usage que ce droit s'est exercé jusqu'à ce jour sur les prés de l'héritage grevé.

71. — La loi de 1791 avait déjà autorisé le propriétaire grevé d'une servitude particulière de vaine pâture à en opérer le *rachat* (1).

Cette faculté de rachat, qui permet à l'une des parties de rompre une convention légalement souscrite sans la volonté et même contrairement à la volonté de l'autre, constitue assurément une dérogation aux principes de droit commun en matière de contrat. On la justifie par des considérations d'intérêt général. « C'est une espèce d'expropriation pour cause d'utilité publique, bien qu'elle ait lieu au profit d'un particulier;

---

(1) Loi de 1791, titre Ier, section IV, art. 8. « Entre particuliers, tout droit de vaine pâture fondé sur un titre, même dans les bois, sera rachetable à dire d'experts, suivant l'avantage que pourrait en retirer celui qui avait ce droit s'il n'était pas réciproque, ou eu égard au désavantage qu'un des propriétaires aurait à perdre la réciprocité si elle existait. Le tout, sans préjudice au droit de cantonnement, tant par les particuliers que pour les communautés, confirmé par l'article 9 du décret du 20-27 septembre 1790. »

car l'objet que s'est proposé la loi n'est pas l'utilité privée de ce particulier, mais bien l'utilité générale, qui est intéressée à ce que les particuliers puissent exercer cette faculté (1). »

Le prix de rachat sera fixé à dire d'experts. Rien n'empêche qu'il le soit à l'amiable. Mais, en cas de contestation devant les tribunaux, il est évident qu'une expertise s'impose. Suivant la loi de 1791, et le principe qu'elle admet est un principe d'équité, le montant du prix de rachat doit comprendre l'avantage que pourrait en retirer celui qui avait ce droit, s'il n'était pas réciproque ; ou, s'il était réciproque, le préjudice causé à l'un des propriétaires par la perte de cette réciprocité.

72. — La faculté du *cantonnement* était également prévue par la loi de 1791.

Le cantonnement est un véritable paiement en nature. Il consiste dans l'abandon d'une partie du fonds en pleine propriété pour éteindre la servitude qui pesait sur la totalité du fonds.

Dans l'ancien droit, le droit de cantonnement n'était reconnu qu'aux propriétaires ; il n'avait été inventé que comme un moyen de procurer l'affranchissement des héritages. On le refusait donc aux usagers bénéficiaires de la servitude. La loi du 28 août 1792 aurait, suivant certains auteurs, rendu commune aux usagers la faculté de demander le cantonnement (2) ; mais cette opinion était généralement repoussée par la doctrine et la jurisprudence (3). Elle ne pourrait être soutenue

(1) JOUSSELIN, *op. cit.*, I, p. 389.
(2) PROUDHON, *Droits d'usage*, éd. Curasson, n°⁵ 640, 643 ; — PARDESSUS, *Servit.*, II, n° 320.
(3) JOUSSELIN, *op. cit.*, I, p. 390.

aujourd'hui, en présence des termes de l'article 11, qui ne parle expressément que du « propriëtaire de l'héritage grevé ».

73. — Les droits de rachat et de cantonnement existent tant au profit qu'à l'encontre des *communes.*

C'est une innovation sur la loi de 1791 qui n'accordait aux communes que le droit de cantonnement, et n'admettait pas non plus les particuliers à exercer le rachat à leur encontre. L'article 11 ne distingue plus ; ses dispositions sont générales. « L'article 11, dit le rapporteur de la Commission du Sénat, en donnant au particulier grevé en vertu d'un titre ou par suite de prescription acquise avant le Code civil, là où elle était autorisée, la faculté de se racheter du droit de vaine pâture, soit en argent, à dire d'experts, soit en nature au moyen du cantonnement, et ce vis-à-vis des communes ou sections de commune comme vis-à-vis d'un autre particulier, ne change rien à la législation existante ; en effet, lorsqu'une commune prétend à un droit de jouissance sur une propriété particulière par suite d'une concession individuelle non contestée, elle est et doit être absolument assimilée à un particulier (1); cependant l'article 8 de la loi du 6 octobre 1791 pourrait, s'il était reproduit purement et simplement, donner lieu à une interprétation différente, parce qu'il ne parle des communes qu'au point de vue du cantonnement (2). »

(1) Telle n'est pas l'opinion généralement admise. L'article 8 de la loi de 1791 n'admet le rachat qu'entre particuliers : on en a déduit logiquement qu'il ne s'appliquait pas aux communes et qu'il ne pouvait être invoqué entre elles. V. PARDESSUS, *op. cit.*, nº 320. — PROUDHON, *op. cit.*, II, nº 640 ; — JOUSSELIN, *op. cit.*, p. 391.

(2) Rapport de M. MALENS.

74. — Une question fort controversée est celle de savoir si, entre un particulier et une commune, la faculté d'échapper aux conséquences de la servitude par la *clôture* a lieu, même lorsque la servitude est fondée sur un titre. Merlin, après avoir admis l'affirmative, professe la négative (1) ; sa dernière opinion est suivie par Proudhon (2), Dalloz (3), Demolombe, etc. (4). M. Curasson (5) a repris pour son propre compte la première opinion de Merlin. Enfin, M. Henrion de Pansey a proposé une double distinction : suivant lui, par rapport aux terrains autres que les prairies, le titre n'est un obstacle à la clôture qu'entre particuliers, non entre une commune et un particulier : par rapport aux prairies, le titre est un obstacle à la clôture, quelle que soit la qualité de celui qui exerce la servitude, particulier ou communes (6). Quant à la jurisprudence, elle a toujours considéré le titre comme un empêchement absolu au droit de se clore (7).

Cette solution devra certainement être maintenue sous l'empire de l'article 11.

(1) *Rép.* v° VAINE PATURE, § 1, art. 11.
(2) *Droits d'usage*, éd. Curasson, I, p. 537.
(3) *J. G.*, v° DROIT RURAL, n° 65.
(4) *Cours de code civil*, t. XI, p. 339.
(5) Sur Proudhon, I, p. 557.
(6) *Biens communaux*, p. 401.
(7) Cass. Req., 8 août 1882, D., 83, 1, 356 ; — Req., 28 juillet 1875, D., 76, 1, 364 ; — Civ., 27 avril 1846, D., 46, 1, 142.

§ V

DES ACTIONS RELATIVES A LA VAINE PATURE

SOMMAIRE

75. — Division.
76. — Règle générale de compétence. Tribunaux civils.
77. — Suite : exception.
78. — Actions relatives à l'exercice du droit; action possessoire.
79. — Suite : droit d'agir à titre privatif.
80. — Actions relatives aux abus de jouissance.
81. — Suite : action civile.
82. — Suite : action pénale.

75. — La loi n'a édicté aucune disposition à cet égard. Nous pensons cependant que ce ne sera pas sortir du cadre d'un commentaire que de donner quelques indications destinées à combler cette lacune. Il ne suffit pas, en effet de fixer les règles suivant lesquelles un droit peut s'exercer, il faut encore déterminer les moyens propres à le faire respecter et désigner l'autorité compétente pour statuer sur les contestations qui peuvent naître à l'occasion de son exercice.

Nous examinerons successivement :

1° Les règles générales de compétence.

2° Les actions relatives à l'existence du droit de vaine pâture.

6.

3° Les actions relatives à l'abus de jouissance du droit.

76. — 1° *Règles générales de compétence.* — Toutes les questions relatives à la vaine pâture sont, en principe, dévolues aux *tribunaux ordinaires*, soit qu'il s'agisse d'actions relatives à [l'existence même de la servitude, soit qu'il s'agisse d'actions relatives à l'abus de jouissance.

En matière répressive, les tribunaux judiciaires sont compétents pour connaître de la légalité des règlements émanés de l'autorité administrative, dont on leur demande l'application. Il appartient donc aux juges de paix, statuant comme juges de simple police, d'apprécier si les arrêtés des maires pris pour assurer l'exécution des lois, des coutumes locales, des délibérations du Conseil municipal rentrent bien dans le cercle de leurs attributions, si les dispositions de la loi ou les usages locaux qu'ils ont en vue sont respectés, si les délibérations sur lesquelles ils se fondent ont été régulièrement approuvées, et même si les Conseils municipaux n'ont pas excédé les pouvoirs de réglementation qui leur sont conférés. Nous avons déjà vu (*suprà*, n°s 60 à 68) de fréquents exemples de cette règle.

Mais le droit de vérifier la légalité des actes de l'autorité administrative, en matière répressive, ne comporte pas le droit de les interpréter. Si donc ces actes laissent place au doute, présentent quelque ambiguïté, le juge de police doit surseoir à statuer jusqu'à ce que l'autorité supérieure administrative compétente ait fait connaître le sens qui leur sera attribué (1).

(1) Cass. ch. crim., 19 nov. 1859, D., 60, 1, 371.

77. — Remarquons toutefois que les *taxes* établies par les Conseils municipaux pour le salaire du pâtre commun étant assimilées pour le recouvrement aux contributions directes, les réclamations qui les concernent devront être portées devant les *Conseils de préfecture*, sauf recours au Conseil d'Etat.

78. — 2° *Actions relatives à l'existence du droit de vaine pâture* — Supposons, par exemple, qu'un propriétaire sur l'héritage duquel la servitude de vaine pâture s'exerce en vertu d'un titre vienne à interdire l'accès de ses terres aux bénéficiaires de la servitude. Ceux-ci auront évidemment un recours contre l'acte du propriétaire qui leur porte préjudice : ils pourront demander la reconnaissance de leur droit aux tribunaux judiciaires.

Mais par quelle voie devront-ils agir? Pourraient-ils intenter une *action possessoire* ?

S'il s'agit d'une servitude conventionnelle, s'exerçant en vertu d'un titre sur un héritage déterminé, les auteurs et la jurisprudence sont à peu près unanimes pour accorder l'action possessoire.

Mais s'il s'agit d'une servitude légale, s'exerçant en vertu d'une ancienne coutume ou d'un usage immémorial, la question est controversée. Se fondant sur ce que, dans l'ancien droit, le parcours et la vaine pâture ne constituaient qu'un droit de pure tolérance, non susceptible de droit réel ou de possession, la plupart des auteurs et la jurisprudence refusent l'action possessoire ; et ils invoquent à l'appui de leur solution cette considération que le droit de vaine pâture est exclusif de toute possession juridique, puisqu'il est loisible au propriétaire de l'héritage grevé de l'éteindre en faisant clôturer sa propriété (1).

Telle n'est pas notre opinion. Que dans l'ancien droit, du moins dans les pays de droit écrit et dans quelques pays coutumiers, la vaine pâture n'ait été considérée que comme une tolérance n'engendrant aucun droit, nous le reconnaissons volontiers. Mais, à notre avis, depuis la loi de 1791, on ne saurait lui dénier, sans aller à l'encontre des termes précis de cette loi, le caractère de servitude légale (*suprà n° 8*) ; et la conséquence c'est qu'elle est susceptible d'une possession juridique et qu'elle doit donner lieu à une action possessoire. Seulement, cette action ne sera plus recevable contre le propriétaire qui use de la faculté de faire clore sa propriété (2).

79. — Une seconde question est celle de savoir si, lorsque le droit de vaine pâture appartient à la généralité des habitants d'une commune, un d'entre eux aurait le droit d'*agir à titre privatif* et de s'adresser aux tribunaux pour faire reconnaître en sa faveur l'existence du droit.

Il n'est pas douteux que la négative doive être admise. L'article 90 de la loi du 5 avril 1884 charge les maires de représenter en justice leur commune dans toutes les affaires où elle est intéressée. L'article 123 de la même loi permet bien à tout contribuable inscrit au rôle de la commune d'exercer, à ses ris-

______

(1) Cass. civ., 6 janvier 1852, D., 52, 1, 18 ; Curasson, *Compét. des juges de paix*, II, n° 2701 ; — Henrion de Pansey, *Compét.*, ch. 43, § 5.

(2) Laurent, *Droit civil français*, VII, 443 ; — Wodon, *Traité de la possession*, II, n° 542 ; — Dalloz, *J.-G.*, v° Actions possessoires, n° 482.

ques et périls, avec l'autorisation du Conseil de préfecture, les actions qu'il croit appartenir à la commune ; mais là s'arrête l'exception. L'espèce prévue par cet article n'est d'ailleurs pas celle que nous avons en vue. L'action intentée par le contribuable conformément à l'article 123 sera toujours dirigée au nom de la commune et dans un intérêt commun. Nous supposons, au contraire, une action intentée par un bénéficiaire de la servitude en son nom personnel et dans son intérêt exclusif.

On a objecté, il est vrai, que l'action relative à la vaine pâture n'intéresse pas seulement la commune, que chacun de ses membres y est aussi personnellement intéressé. Mais la jurisprudence a toujours repoussé cette prétention, et le principe qu'elle n'a cessé de proclamer, c'est que les particuliers sont sans capacité pour suivre et soutenir, en leurs noms personnels, les intérêts et les droits communs à tous les habitants d'une commune (1).

80. — 3° *Actions relatives aux abus commis dans l'exercice de la vaine pâture.* — Celui qui contrevient aux arrêtés légalement pris pour réglementer l'exercice de la vaine pâture ou aux usages locaux qui tiennent lieu de règlements, soit en entravant l'exercice du droit, soit en portant atteinte aux droits des propriétaires, est responsable à un double point de vue : d'abord au point de vue civil, puis au point de vue pénal. Une double action pourra être, en conséquence, intentée contre lui : une action civile et une action pénale.

---

(1) Merlin, *Répert.*, v° Vaine pature, § 5.

81. — L'*action civile* appartient à tous les individus qui ont subi un dommage par le fait du contrevenant, soit que celui-ci leur ait enlevé une portion de ce qui leur revenait dans les pâturages, soit qu'il ait détérioré leur propriété. Ainsi, celui qui, avant l'époque fixée par les règlements, a fait paître son troupeau sur des terres de vaine pâture peut être actionné en dommages-intérêts par le propriétaire ou le fermier de ces terres.

Les juges de paix sont compétents sans appel, jusqu'à la valeur de cent francs et à charge d'appel, à quelque valeur que la demande puisse s'élever, pour connaître des actions de cette nature, alors même que les faits qui servent de base à l'action constitueraient un délit (1).

82. — L'*action pénale*, conformément aux principes généraux du droit, ne peut être exercée que par le ministère public.

La violation des règles et règlements relatifs au parcours et à la vaine pâture constitue, en général, une contravention de simple police ; dans un cas, cependant, en cas de *garde à vue* sur les récoltes d'autrui, elle constitue un délit.

Les dispositions législatives qui y sont relatives sont : l'article 471,15° (2) du Code pénal, l'article 479,10° et l'article 482 du même Code (3), et les articles 12,

---

(1) Vaudoré, *Droit rural français*, II, n° 295. — Cass. ch. crim., 23 août 1867, B., 202, p. 336.

(2) Code pénal, art. 471. « Seront punis d'amende depuis un franc jusqu'à cinq francs inclusivement... 15° ceux qui auront contrevenu aux règlements légalement faits par l'autorité administrative et ceux qui ne se seront pas conformés aux règlements ou arrêtés publiés par l'autorité municipale... »

(3) Voir le texte de ces deux articles, *suprà*, n° 34, en note.

23 et 26 du Code rural des 28 septembre-6 octobre 1791 (1).

(1) Loi des 28 septembre-6 octobre 1791. Art. 23. « Un troupeau atteint de maladie contagieuse qui sera rencontré au pâturage sur les terres du parcours ou de vaine pâture autres que celles qui auront été désignées pour lui seul pourra être saisi par les gardes champêtres et même par toute autre personne; il sera ensuite mené au lieu du dépôt qui sera indiqué à cet effet par la municipalité. — Le maître de ce troupeau sera condamné à une amende de la valeur d'une journée de travail par tête de bêtes à laine, et à une amende triple par tête d'autre bétail. — Il pourra, en outre, suivant la gravité des circonstances, être responsable du dommage que son troupeau aurait occasionné, sans que cette responsabilité puisse s'étendre au delà des limites de la municipalité. — A plus forte raison cette amende et cette responsabilité auront lieu si ce troupeau a été saisi sur les terres qui ne sont pas sujettes au parcours et à la vaine pâture. »

Art. 26. — « Quiconque sera trouvé gardant à vue ses bestiaux dans les récoltes d'autrui sera condamné, en outre du payement du dommage, à une amende égale à la somme de dédommagement, et pourra l'être, suivant les circonstances, à une détention qui n'excédera pas une année. »

Voir le texte de l'article 12, *supra*, n° 34, en note.

SECTION II

DU BAN DES VENDANGES

SOMMAIRE

Art. 13.

Le ban des vendanges ne pourra être établi ou même maintenu que dans les communes où le Conseil municipal l'aura ainsi décidé par délibération soumise au Conseil général et approuvée par lui.

S'il est établi ou maintenu, il est réglé chaque année par arrêté du maire.

Les prescriptions de cet arrêté ne sont pas applica-

bles aux vignobles clos de la manière indiquée par l'article 6.

83. — On appelle ban de vendange la publication, dans les communes soumises à cet usage, du jour à partir duquel il est permis de commencer la récolte des raisins.

Dans l'ancien droit, le ban était fait aux jours où le bailli tenait son audience pour rendre la justice ; plus tard, ils durent être publiés au prône (ordonnance de Blois, art. 49). Ils étaient faits par le seigneur haut justicier.

84. — C'est aux premiers temps de la féodalité qu'il faut remonter pour trouver *l'origine du ban de vendange*. Dès cette époque, les propriétaires ne pouvaient faire la cueillette de leurs raisins qu'avec l'autorisation du seigneur ou une permission authentique du juge.

On donnait trois raisons à l'appui de cette prescription : 1° le danger du larcin des fruits et du dommage des bêtes ; 2° l'utilité publique qui exigeait pour assurer la bonne renommée des vins du pays que la vendange n'ait pas lieu avant maturité ; 3° enfin, et c'était assurément la raison la plus décisive, la commodité des seigneurs et des décimateurs qui pouvaient avoir des droits d'agrier, complant, dîmes, etc., à exercer sur la récolte.

Les deux premières raisons touchèrent l'Assemblée constituante, car, après avoir posé dans le premier paragraphe de l'article 2 de la section V, titre I, de la loi des 28 septembre-6 octobre 1791 le principe de la liberté pour chaque propriétaire de faire sa récolte comme bon lui semble, pourvu qu'il ne cause aucun dommage à ses voisins, il a maintenu expressément dans le deuxième paragraphe du même article l'usage du ban de vendange dans les localités où il existe (1).

85. — L'*utilité des bans de vendanges* est des plus contestables.

« Le ban des vendanges, s'accordent, il est vrai, à dire les commentateurs de la loi de 1791, a pour objet, d'une part, de prévenir les déprédations auxquelles pourrait donner lieu dans les vignes environnantes. l'ouverture prématurée de la vendange et du grappillage dans quelques vignes, et, d'autre part, d'empêcher que les raisins ne soient enlevés avant leur maturité et qu'il n'en résulte ou des maladies ou du vin de mauvaise qualité (2). »

Mais ces considérations sont-elles bien décisives ? N'y a-t-il pas quelque puérilité à invoquer en faveur d'une atteinte aussi grave à la liberté des propriétaires le danger de larcins, auquel une simple surveillance pourra facilement remédier ? Quant à la crainte de récoltes prématurées, nous ne la comprenons même pas : l'intérêt personnel n'est-il pas le meilleur guide et le plus sûr garant en pareil matière ? D'ailleurs, si ces prescriptions n'ont réellement pour but que l'utilité publique, pourquoi permettre aux propriétaires de s'en affranchir en faisant clôturer leurs vignes? N'est-ce

(1) Cet article est ainsi conçu : « Chaque propriétaire sera libre de faire sa récolte, de quelque nature qu'elle soit, avec tout instrument et au moment qu'il lui conviendra, pourvu qu'il ne cause aucun dommage aux propriétaires voisins. — Cependant, dans les pays où le ban de vendange est en usage, il pourra être fait à cet égard un règlement chaque année, par le conseil général de la commune, mais seulement pour les vignes non closes. Les réclamations qui pourraient être faites contre le règlement seront portées au directoire du département, qui y statuera sur l'avis du directoire du district. »

(2) JOUSSELIN, *Des Servitudes*, I, p. 346; — FOURNEL, *Voisinage;* I, p. 193; — MERLIN, *Répertoire*, v° BAN DES VENDANGES.

pas un privilège accordé aux cultivateurs aisés? La vérité est que cette institution, imaginée dans l'intérêt exclusif des seigneurs, n'est qu'un reste des anciennes coutumes féodales, qui ne subsiste que par la force de l'habitude acquise, bien qu'elle soit une gêne et une entrave à l'agriculture.

Nous ne pouvons assurément mieux faire que de reproduire les réflexions qu'inspirait à l'un des rapporteurs de la loi cet usage suranné. « L'expérience nous apprend qu'une dérogation à ce principe (liberté des propriétaires) n'est, en ce qui cercerne les vignes, qu'une atteinte grave au droit, en fait, une gêne pour les vignerons. — Sur le territoire d'une même commune, la nature du sol, l'exposition des terrains, l'espèce des plants modifient profondément les conditions de la maturité du raisin. — La qualité ou la quantité qu'un propriétaire désire obtenir peut le déterminer à vendanger plus tôt ou plus tard. — On a cherché à justifier l'usage du ban des vendanges par l'intérêt général d'avoir de bons produits; mais il n'y a pas à défendre ici l'intérêt général contre l'intérêt individuel, car l'un n'est pas opposé à l'autre. — On a prétendu que la surveillance est difficile dans les vignes et qu'en faisant à l'improviste la cueillette, il était facile de dérober des grappes au voisin. Nous aimons à penser que cet argument de fait est sans grande portée. Au reste, ce n'est pas au législateur à suppléer à la vigilance du propriétaire, et ce n'est pas en multipliant les lois et les règlements qu'on développera ni le sentiment du droit ni le respect de la propriété d'autrui. La surveillance des intéressés et celle du garde champêtre doivent tenir lieu d'une disposition législative. — On dit encore que, dans certaines régions, il n'y a qu'un pressoir, et qu'il convient, pour l'utiliser dans de bonnes conditions,

de réunir au même jour la récolte de plusieurs vignerons ; mais c'est en ce cas aux propriétaires à se con-
certer ; tous ont intérêt à ne pas cueillir sans pouvoir
presser et à presser dans les conditions qui leur
assurent un rendement satisfaisant comme qualité et
quantité. — Les considérations invoquées en faveur de
ce vieil usage ne peuvent nous détourner, en pareille
matière, du régime de la liberté, et la jurisprudence
qui s'est établie nous semble rendre plus nécessaire la
suppression de cette législation. Pour justifier une
atteinte aussi sérieuse au droit de propriété, une dérogation aussi grave aux principes essentiels de la
législation, il faudrait à nos yeux des considérations
d'ordre public, et nous ne sommes ici en présence que
d'une coutume démodée, que d'une routine injustifia-
ble. La loi de 1791 n'osait déjà que timidement consacrer le droit des municipalités à publier des bans de
vendanges : depuis près d'un siècle, beaucoup d'er-
reurs et de préjugés ont disparu, l'intelligence et l'instruction se sont développées, et nous n'avons à redouter
aucune protestation de l'opinion publique en abolissant
formellement les bans de vendanges et autres (1). »

86. — Sur cette question de l'utilité de la réglementation des vendanges, tout le monde était à peu près d'accord pour la considérer comme un usage suranné qu'il
était à souhaiter de voir disparaître de notre législation.

Le projet du Gouvernement accordait aux Conseils
municipaux le droit de les supprimer : une simple
délibération suffisait à cet effet (2).

---

(1) Rapport de M. Casimir-Perier, Chambre des députés, 2ᵉ législature, annexe n° 1147.

(2) Article 45 du projet de loi, § 1. — Dans les lieux où le ban
des vendanges est en usage, il peut être supprimé par une délibération du Conseil municipal.

Le projet de la Commission du Sénat, qui est devenu l'article 13, prononce implicitement la suppression des bans de vendanges. Elle accorde toutefois aux Conseil municipaux la faculté d'en demander le maintien ; ce maintien ne sera définitif que s'il est approuvé par délibération du Conseil général. « En ce qui concerne le ban des vendanges, dit le rapporteur de la Commission, nous reconnaissons volontiers que, presque partout, il gêne les vignerons et ne compense par aucun avantage sérieux les entraves qu'il apporte à la liberté de fixer le moment opportum de la cueillette du raisin, suivant les plants, l'exposition, la nature du sol ; et néanmoins nous ne croyons pas convenable d'enlever aux administrations locales le droit de prendre une mesure dont l'emploi serait exception- nellement justifié. Mais nous demandons des garanties contre ce qui pourrait être le résultat d'un caprice ou d'un intérêt particulier, et nous exigeons qu'il y ait délibération du Conseil municipal, approuvée par déli- bération du Conseil général (1). »

Mais, après avoir reconnu elle-même et proclamé les inconvénients du ban de vendange, la Commission du Sénat ne s'est pas contentée d'autoriser les munici- palités à en demander le maintien. Revenant sur les principes consacrés par la loi de 1791 qui ne tolérait cette dérogation au droit de propriété que dans les localités où elle existait antérieurement en vertu d'un usage local, la Commission a accordé aux Conseils municipaux, d'accord avec les Conseils généraux, le droit d'en demander l'établissement. N'y a-t-il pas quelque chose d'illogique à permettre ainsi d'établir dans les communes où il n'existe pas un usage que

____

(1) Rapport de M. MALENS.

l'on reconnaît dangereux, inutile et funeste dans les localités où cependant il existe depuis un temps immémorial, et auquel, par conséquent, les habitants se sont peu à peu accoutumés ? Nous doutons fort d'ailleurs qu'il soit jamais fait usage de cette faculté, et qu'au régime de la liberté on préfère celui de la réglementation à outrance.

Quoi qu'il en soit d'ailleurs, ces dispositions ne sont pas sans présenter quelques difficultés. Nous avons à nous demander : 1° quel doit être l'effet de la suppression des bans de vendanges ; 2° à quelles conditions leur maintien ou leur établissement sera prononcé ; 3° comment l'usage en sera réglementé dans l'avenir. Nous allons examiner successivement ces trois questions.

87. — *1° Effet de la suppression des bans de vendanges.* — L'article 12 ne prononce pas expressément l'abolition des bans de vendanges. Mais leur suppression résulte implicitement de ses termes : elle déclare, en effet, que le ban de vendanges *ne pourra être maintenu* que sur une délibération du Conseil municipal approuvée par le Conseil général.

L'effet de cette suppression doit-il être immédiat, en ce sens que l'usage des bans sera considéré dès maintenant comme aboli, sauf aux Conseils municipaux à en demander non pas le maintien, mais pour parler un langage plus exact, le rétablissement ? Sera-t-il, au contraire, subordonné à l'expiration d'un délai imparti aux Conseils municipaux pour prendre une décision ?

Nous ne pouvons, sur cette question, que donner la même solution que nous avons donnée précédemment sur une difficulté analogue relative à la suppression de la vaine pâture (*suprà* n° **33**). Nous considérons donc que les bans de vendanges sont abolis d'une manière générale depuis la promulgation de la loi, que les arrêtés qui auraient pu être pris cette année par les maires pour réglementer la cueillette des raisins sont illégaux ; qu'en conséquence, on ne pourrait poursuivre un propriétaire pour y avoir contrevenu. Et il y a d'autant plus de raisons de décider ainsi que notre article n'impartit aucun délai aux Conseils municipaux pour provoquer le maintien des bans de vendanges.

Cette solution ne répond peut-être pas aux intentions de la Commission du Sénat qui a rédigé l'article 13. Mais le texte de l'article et surtout les principes généraux du droit sur la matière doivent évidemment prévaloir sur ces intentions.

88. — *2° Du droit des Conseils municipaux de provoquer le maintien des bans de vendanges dans les localités où il existe, et d'en demander l'établissement dans celles où il n'existe pas.* — Les dispositions de l'article 13 ne sont pas les mêmes que celles édictées par les articles 2 et 3 pour le maintien de la vaine pâture.

Ainsi, pour les bans de vendanges, les Conseils municipaux seuls ont le droit d'en demander le maintien ou, pour mieux dire, le rétablissement : les particuliers n'ont pas le même droit. Au contraire, l'article 2 donne, pour la vaine pâture, le droit aux particuliers d'adresser au préfet une requête en maintien. On comprend cette différence : l'abolition de la vaine pâture pourra, dans certains cas, porter atteinte à des intérêts particuliers, et il était juste de laisser au moins aux ayants droit la faculté de réclamer et de faire statuer l'autorité supérieure sur leurs réclamations ; au contraire, l'abolition des bans de vendanges, bien loin de léser aucun droit acquis, ne peut que dégager les propriétaires des entraves que la coutume apportait à l'exercice de leurs droits.

De même que pour la demande en maintien de la vaine pâture, la délibération du Conseil municipal relative au ban de vendange est soumise au Conseil général. Mais ici, le Conseil général statue définitivement, soit qu'il accorde le maintien, soit qu'il le refuse.

La procédure est la même pour les demandes en établissement des bans de vendanges.

89. — 3° *De la réglementation des bans de vendanges.* — La loi se borne à dire que dans les localités-où il sera établi ou maintenu, le ban de vendange sera réglé chaque année par arrêté du maire. Elle s'en est référée à la législation existante pour tout ce qui concerne les dispositions à insérer dans l'arrêté et leur force obligatoire. Nous nous bornerons à rappeler sommairement les principes de la matière.

90. — La règle la plus importante est que les arrêtés des maires ne peuvent porter que sur des terrains non clos et, par conséquent, ne concernent *que les vignes non closes.* La loi de 1791 avait déjà proclamé cette règle. Le dernier paragraphe de l'article 13 la confirme et déclare de plus que la clôture qui affranchit des prescriptions du ban des vendanges doit s'étendre de la clôture déterminée par l'article 6. (Voir *supra*, n° 39.)

Cette exception admise en faveur des vignes closes doit être restreinte au cas où ces vignes appartiennent à un même propriétaire : elle ne serait plus applicable si elles appartenaient à plusieurs propriétaires, encore bien qu'ils se soient entendus pour la vendanger à la même époque (1).

Quant aux *vignes non closes*, elles restent toutes soumises aux prescriptions de l'arrêté, sans qu'il y ait lieu de distinguer si elles sont ou non isolées (2), hautes ou basses et complantées en raisins précoces (3).

Mais notons que l'arrêté ne peut avoir pour effet que de prohiber les récoltes destinées à la fabrication du vin. Quant à la cueillette destinée aux besoins domestiques du propriétaire, elle peut toujours être faite, même avec paniers, sans attendre l'époque fixée (4).

91. — Les arrêtés déterminent, en général, le jour d'ouverture de la vendange, les heures auxquelles il est permis de se rendre dans les propriétés pour y récolter le raisin. Ils défendent ordinairement d'y arriver avant le soleil levé ou d'y rester après le coucher du soleil. Les mêmes règles étaient observées dans l'ancien droit (5).

La jurisprudence déclarait qu'ils devaient se conformer aux anciens usages, sans toutefois que ces usages fussent tellement absolus qu'ils ne puissent y déroger par quelques prescriptions nouvelles (6). L'existence des bans dérive, en effet, d'anciennes coutumes qu'une longue habitude permet de tolérer; il faut donc éviter autant que possible de faire des règlements qui

---

(1) Cass. ch. crim., 5 août 1830, DALLOZ, *J. G.*, v° COMMUNE, n° 781, en note; — Ch. crim., 18 août 1827, DALLOZ *J. G.*, v° COMMUNE, n° 780, en note.

(2) Cass. ch. crim., 24 janv. 1861, D., 61, 1, 406 ; — 6 février 1858, D. 58, 1, 344.

(3) Cass. ch. crim., 13 février 1845, D., 45, 4, 31.

(4) Cass. ch. crim., 7 déc. 1855, D., 56, 1, 48.

(5) FOURNEL, *Traité du voisinage*, v° BAN.

(6) Cass. ch. crim., 3 janv. 1828, DALLOZ, *J. G.*, v° COMMUNE, n° 782, en note.

viennent apporter des entraves nouvelles, que l'on accepterait difficilement, à l'exercice du droit de propriété. La faculté aujourd'hui reconnue aux Conseils municipaux d'établir des bans là où il n'existaient pas enlève à cette règle toute raison d'être.

Au surplus, les arrêtés ne peuvent réglementer que la récolte même du raisin; toute disposition qui aurait un autre objet serait illégale. Ainsi l'arrêté qui, même en se fondant sur une ancienne coutume, interdit aux propriétaires l'accès de leurs vignes avant la date fixée pour la vendange, sans une autorisation de l'Administration, n'a aucune force obligatoire (1). Toutefois, en vue de protéger les individus qui travaillent aux vendanges et d'éviter les accidents, un maire pourrait, sans sortir des limites de son pouvoir, défendre de chasser dans les vignes jusqu'à la clôture définitive des vendanges (2).

92. — Il était reconnu jusqu'ici que les bans de vendanges publiés par les maires n'étaient légaux qu'autant qu'ils s'appliquaient à des territoires où l'usage de ces bans existait antérieurement à la loi de 1791 (3). Il faut décider aujourd'hui que les bans ne seront légaux qu'autant qu'ils s'appliqueront à des communes ayant obtenu, par délibération du Conseil général, l'autorisation de maintenir ou d'établir l'usage des bans.

Le principe de la séparation des pouvoirs judiciaire et administratif s'oppose, d'ailleurs, à ce que cette question préjudicielle soit tranchée par l'autorité judiciaire. Le juge de police, saisi d'une poursuite en vio-

(1) Cass. ch. crim., 24 février 1865, D., 65, 1, 496.
(2) Cass. ch. crim., 14 février 1874, D., 74, 1, 280.
(3) Cass. ch. crim., 22 mars 1855 et 24 avril 1858, D., 58, 1, 344.

lation du ban de vendange doit donc surseoir à statuer et renvoyer l'examen de la question à l'autorité administrative compétente, c'est-à-dire à l'autorité préfectorale, qui décidera si l'arrêté rentrait ou non dans les pouvoirs du maire. La Cour de cassation avait tout d'abord décidé que le juge de police était obligé dans tous les cas, alors même qu'on arguait de l'illégalité du ban, de faire respecter l'arrêté municipal, sans pouvoir surseoir à statuer pour faire décider préjudiciellement la question de légalité (1). Mais elle est revenue depuis à une doctrine plus juridique, et elle a décidé que le juge de police doit, dans le cas où le contrevenant excipe de l'illégalité de l'arrêté, surseoir à statuer au fond et renvoyer pour faire trancher la question préjudicielle (2).

93. — Les arrêtés relatifs aux bans de vendange doivent être renouvelés chaque année : ils ne sont pas soumis à l'approbation du préfet ; ils constituent, en effet, des décisions temporaires et non permanentes (3) ; mais le préfet conserve toujours le droit de les annuler. (Art. 94 et 95 de la loi du 5 avril 1884.)

Ils doivent être publiés ; cependant il n'est pas nécessaire qu'ils soient notifiés à chacun des habitants ni même affichés : une publication à son de sonnettes, par exemple, suffit.

Ils sont exécutoires de plein droit, par le seul fait de leur publication, aussi bien à l'égard des propriétaires forains que de ceux domiciliés dans la commune (3).

---

(1) Cass. ch. crim., 24 avril 1858, D., 58, 1, 344.
(2) Cass. ch. crim., 19 nov. 1859, D., 60, 1, 371.
(3) Cass. ch. crim., 24 janv. 1861, D., 61, 1, 406.

94. — Ils doivent être exécutés suivant leurs termes mêmes et non interprétés d'après les usages locaux. Ainsi, lorsqu'un arrêté fixe le jour d'ouverture de la vendange, c'est en vain que le contrevenant prouverait que l'usage toléré depuis plusieurs années dans la localité permettait de devancer de deux jours l'époque fixée ; cet usage ne saurait prévaloir contre le texte de l'arrêté (1).

Le maire lui-même ne peut, sans excéder ses pouvoirs, dispenser de l'exécution de son arrêté : cette dispense n'aurait aucune valeur légale (2).

95. — Dans les communes où existe l'usage des bans, les propriétaires sont tenus d'attendre la publication de l'arrêté qui fixe l'ouverture des vendanges. Ils commettent une contravention aussi bien en vendangeant avant la publication du ban qu'en devançant, après sa publication, l'époque qui y est fixée pour la récolte des raisins (3).

96. — La contravention au ban de vendange est réprimée par l'article 475, n° 1 du Code pénal (4).

Autrefois, sous l'empire de la loi de 1791, la prescription de la contravention était d'un mois (5) ; mais

---

(1) Cass. ch. crim., 8 avril 1854, D., 54, 1, 212.
(2) Cass. ch. crim., 6 février 1858, D., 58, 1, 344.
(3) Cass. ch. crim., 9 mars 1867, D., 67, 1, 368.
(4) Code pénal, art. 475. — Seront punis d'amende, depuis six francs jusqu'à dix francs inclusivement : 1° ceux qui auront contrevenu aux bans des vendanges et autres bans autorisés par les règlements...
(5) Loi des 28 septembre-6 octobre 1791, titre Ier, section VII, art. 8. — La poursuite des délits ruraux sera faite au plus tard dans le délai d'un mois, soit par les parties lésées, soit par le procureur de la commune ou ses substituts, s'il y en a ; soit par des hommes de loi commis à cet effet par la municipalité, faute de quoi il n'y aura plus lieu à poursuite.

depuis que l'article 475 du Code pénal a spécialement prévu cette contravention, il faut décider que la prescription est maintenant régie par l'article 640 du Code d'instruction criminelle (1). Depuis longtemps, la jurisprudence est fixée en ce sens (2).

97. — *Des bans autres que les bans de vendanges.* — En dehors des bans de vendanges, il est de coutume dans quelques rares communes de publier chaque année des arrêtés fixant le jour à partir duquel on peut commencer les récoltes des céréales, des foins, etc. : ce sont les *bans de moisson, de fenaison ou autres.* La loi de 1791 ne les a pas abolis : nous trouvons, en effet, à la date du 14 germinal an VI, un arrêté du Directoire exécutif qui statue sur ces bans comme sur des usages existants. Le Code pénal lui-même les prévoit dans son article 475 n° 1.

Nous n'avons pas à nous occuper ici de ces usages qui tendent à disparaître de plus en plus de notre pays, et qui ne subsistent que comme des vestiges des anciennes lois féodales. Nous voulons faire remarquer seulement que la loi nouvelle ne s'en occupe pas, et, par conséquent, les maintient tels qu'ils existent. L'observation en a été faite par M. Boreau-Lajanadie dans son rapport à la Chambre des députés.

(1) Code d'instruction criminelle, art. 640. — L'action publique et l'action civile pour une contravention de police seront prescrites après une année révolue, à compter du jour où elle aura été commise, même lorsqu'il y aura eu procès-verbal, saisie, instruction ou poursuite si, dans cet intervalle, il n'est point intervenu de condamnation ; s'il y a eu jugement définitif de première instance de nature à être attaqué par la voie de l'appel, l'action publique et l'action civile se prescriront après une année révolue, à compter de la notification de l'appel qui en aura été interjeté.

(2) Voir DALLOZ, J. G., v° COMMUNE, n° 794, et les arrêts cités.

SECTION III

VENTE DE BLÉS EN VERT

SOMMAIRE

ART. 14.

La loi du 6 messidor an III, relative à la vente des blés en vert, est abrogée.

98. — C'est dans un capitulaire de Charlemagne que l'on trouve pour la première fois une prohibition de la vente de raisins ou de blés sur pied (1). On la voit ensuite renouvelée dans un certain nombre d'ordonnances : de Louis XI, en 1462 ; de François Ier, en 1539 ; de Henri III, en 1577 ; de Louis XIII, en 1620, et enfin dans une déclaration de Louis XIV du 22 juin 1694.

Cette dernière déclaration est intéressante à connaî-

---

(1) De his qui vinum et annonam vendunt, antequàm colligant, et per hanc occasionem pauperes efficiuntur, ut fortiter constringantur, ne deinceps fiat. (Liv. IV, app. 2, n°⁸ 16 et 26.)

tre parce qu'elle donne les *motifs de la prohibition.*
« Nous sommes informé que les usuriers et autres
gens avides de gais illicites, après avoir profité de la
disette par le prix excessif auquel ils ont porté les
grains dont ils avaient fait amas, se préparent encore
à priver les pauvres des avantages et soulagements
qu'ils espèrent tirer de l'abondance, et que, profitant
de l'indigence des laboureurs et de ceux qui cultivent
leurs terres par leurs mains, ils achètent des grains en
vert et sur pied, et en font des traités et arrangements,
défendus sous des peines sévères par les sages ordonnances des rois nos prédécesseurs, dans l'espérance
de mettre ces grains en réserve dans des magasins
détournés, et de ne les exposer en vente que dans le
temps de cherté, et de causer, s'ils peuvent, la disette,
malgré la fertilité de l'année. »

Ainsi, dans l'ancien droit, la défense de vendre les
récoltes sur pied n'avait d'autre but que de protéger
les cultivateurs indigents contre la cupidité des
usuriers.

99. — La loi du 6 messidor an III a reproduit ces
dispositions prohibitives, et, à titre de sanction, elle a
prononcé la confiscation des récoltes vendues, moitié
contre le vendeur, moitié contre l'acheteur. Une loi du
23 du même mois a déclaré que la prohibition ne s'appliquerait pas aux ventes qui ont lieu par suite de
tutelle, curatelle, changement de fermier, saisies de
fruits, baux judiciaires et autres causes de cette
nature (1).

Le but poursuivi par la loi du 6 messidor an III est-

______

(1) Loi du 6 messidor an III. Art. 1ᵉʳ. — Toutes les ventes de
grains en vert et pendants par racines sont prohibées sous peine
de confiscation des grains et fruits vendus; casse et annule toutes

il le même que celui qu'avaient en vue les anciennes ordonnances ? Nous ne le pensons pas. Nous rattacherions plus volontiers cette loi à la pensée qui a guidé la Convention nationale dans la rédaction des lois du 4 nivôse et du 4 thermidor de la même année, relatives au commerce des grains. Ses dispositions nous semblent être la sanction, le complément nécessaire de celles qui interdisaient la vente ou l'achat de grains autrement qu'au marché. Son but aurait été alors de prévenir la fraude qui s'opérait au moyen de la vente des grains en vert et des récoltes encore pendantes par racines, et qui échappait ainsi aux lois de nivôse et de thermidor. Ce qui vient encore nous confirmer dans cette opinion, c'est que la loi du 23 messidor excepte de la prohibition les cas où précisément la vente n'est plus faite en fraude de la loi, mais pour un motif légitime.

100. — Pendant longtemps, la question a été controversée, en doctrine et même en jurisprudence, de

celles qui auraient été faites jusqu'à présent ; en défend l'exécution sous la même peine de confiscation, dans le cas où elles seraient exécutées postérieurement à la promulgation de la présente loi.

Art. 2. — La confiscation encourue sera supportée moitié par le vendeur, moitié par l'acheteur. Elle sera appliquée un tiers au dénonciateur, un tiers à la commune du lieu où les fonds qui ont produit les grains se trouvent situés : ce tiers sera distribué à la classe indigente ; le troisième tiers au Trésor public.

Art. 3. — Les officiers municipaux, les administrateurs de district et de département sont spécialement chargés de veiller à l'exécution de la présente loi.

Loi du 23 messidor an III. — La Convention nationale décrète que, dans la prohibition portée par la loi du 6 messidor sur les ventes de blés en vert et pendants par racines, ne sont pas comprises celles qui ont lieu par suite de tutelle, curatelle, changement de fermiers, saisies de fruits, baux judiciaires et autres de cette nature. Sont également exceptées les ventes qui comprendraient tous autres fruits ou productions que les grains.

savoir si la loi du 6 messidor an III n'avait point été abrogée, soit par la loi du 21 prairial an V abrogatives des lois du 4 nivôse et du 4 thermidor, soit par le Code civil (1). Et même, lorsque la négative a été définitivement admise, on ne s'est point entendu sur la portée et l'étendue qu'il fallait lui attribuer. On était bien d'accord pour décider que la nullité de la vente était encourue alors même que la livraison devait être postérieure à l'époque de la récolte (2), et qu'il n'y avait pas à distinguer si la vente était faite en bloc ou si elle n'avait pour objet qu'une quantité de grains à provenir de la récolte (3). Mais, tandis que certains arrêts lui reconnaissaient un effet absolu (4), d'autres s'efforçaient d'en restreindre l'application au cas de stipulations illicites (5).

104. — Quoi qu'il en soit, cette loi ne répondait plus ni aux idées de notre temps, ni aux principes généraux de notre législation sur le commerce des céréales. On ne peut donc que louer le législateur d'en avoir prononcé l'abrogation. « On ne croit plus guère aujourd'hui, disait le projet du Gouvernement, à la possibilité d'accaparer tous les grains de la France ; on ne se défie plus autant de la sagesse et de l'intelligence des laboureurs ; on n'éprouve plus le besoin de les protéger contre leur imprévoyance, ni de les empêcher de

---

(1) Dans le sens de l'affirmative, MASSÉ, *Droit commercial*, II, n° 399. Dans le sens de la négative, TROPLONG, *Droit civil*, v° VENTE, n° 223 ; — ZACHARIÆ, II, § 351.

(2) Cass. ch. crim., 7 sept. 1854, D., 54, I, 291.

(3) Cass. ch. crim., 8 fév. 1856, D., 56, 1, 182.

(4) Cass. ch. crim., 12 mai 1848, D., 48, 1, 153 ; — Orléans, 9 nov. 1847, D., 49, 2, 62.

(5) Bourges, 28 janv. 1867, D., 67, 5, 460 ; — Angers, 17 juillet 1846, D., 49, 2, 65 ; — Caen, 11 mai 1846, D., 49, 2, 65

se priver témérairement et à vil prix des fruits de leurs sueurs. On n'est pas plus grandement touché de la crainte que les blés vendus en herbe ne puissent pas être bien gardés par les acheteurs ; aussi la loi de l'an III est-elle à peu près tombée en désuétude, et même une Cour impériale a décidé qu'elle avait été abrogée implicitement par le Code civil et le Code pénal (1). »

(1) Exposé des motifs du projet de Code rural par le Gouvernement.

SECTION IV

LOUAGE DES DOMESTIQUES ET OUVRIERS RURAUX

SOMMAIRE

ART. 15.

La durée du louage des domestiques et des ouvriers ruraux est, sauf preuve d'une convention contraire, réglée suivant l'usage des lieux.

102. — On entend par *domestiques* les gens attachés à la personne d'un maître ou qui l'aident dans ses travaux agricoles, et qui logent et vivent dans sa maison.

Les *ouvriers ruraux* sont ceux qui, moyennant salaire, se livrent à un travail corporel déterminé et sont embauchés soit au jour, soit pour un temps fixé : tels sont les manouvriers, les moissonneurs, les vendangeurs, etc.

L'*engagement* des domestiques a lieu presque toujours verbalement. D'après un usage assez commun en France, il est suivi d'une remise par le maître d'une certaine somme d'argent appelée *arrhes* ou *denier de Dieu* (1).

Pour les ouvriers, il n'y a point de remise d'arrhes. Dans certaines contrées, à l'époque des travaux agricoles, moisson, fenaison, vendanges, il se forme sur la place publique de chaque localité importante une assemblée de journaliers libres qui demandent à être engagés ; c'est ce qu'on nomme la *louée*.

103. — La *preuve de l'engagement* se fait suivant les règles ordinaires du droit civil (art. 1341 du Code civil) (2). Ainsi la preuve par témoins ne sera admissible qu'autant que l'objet du contrat ne sera pas supérieur à la somme de 150 francs ; et, pour savoir si l'objet du contrat est supérieur à 150 francs, il faut calculer à quelle somme s'élève le prix du bail pour toute sa durée. Ni le maître ni le domestique ne pourraient donc être admis à prouver par témoins un engagement contracté, par exemple, pour un an à raison de 15 francs par mois, le total de la somme stipulée s'élevant, en effet, dans ce cas, à 180 francs (3).

De même, toutes les difficultés relatives à la quotité des gages, au paiement du salaire de l'année échue et

---

(1) Henrion de Pansey, *Comp.*, ch. 30 ; — Troplong, *Droit civil français*, n° 849.

(2) Code civil, art. 1341. — Il doit être passé acte devant notaires ou sous signature privée de toutes choses excédant la somme ou valeur de cent cinquante francs, même pour dépôts volontaires, et il n'est reçu aucune preuve par témoins contre et outre le contenu aux actes, ni sur ce qui serait allégué avoir été dit avant, lors ou depuis les actes, encore qu'il s'agisse d'une somme ou valeur moindre de cent cinquante francs...

(3) Troplong, n° 871 ; — Duvergier, *Droit français*, n° 282.

aux accomptes donnés pour l'année courante sont aujourd'hui tranchées suivant les principes ordinaires admis en matière de preuves : c'est donc au maître qui argue de sa libération à la prouver, et la preuve testimoniale ne sera encore admissible qu'autant que la somme en litige ne dépassera pas 150 francs. L'article 1781 du Code civil déclarait que sur ces différents points le maître serait cru sur son affirmation ; mais cet article a été abrogé par la loi du 2 août 1868. Les auteurs sont à peu près unanimes pour blâmer cette abrogation (1).

104. — La *durée de l'engagement* est quelquefois déterminée par une convention.

Aux termes de l'article 1780 du Code civil, « on ne peut engager ses services qu'à temps ou pour une entreprise déterminée ». « Il serait étrange, disait M. Galli dans son exposé des motifs sur cet article au Corps législatif, qu'un domestique, qu'un ouvrier pussent engager leurs services pour toute leur vie. La condition d'homme libre abhorre toute espèce d'esclavage. »

Du principe général de l'article 1780, il faut déduire que non seulement un domestique ne peut louer ses services pour un temps indéterminé, mais encore qu'il ne pourrait même pas les louer pour un temps déterminé dont la durée serait, d'après les probabilités, aussi longue que celle de sa vie. Tel serait le contrat par lequel un domestique âgé de 40 ans engagerait ses services pour une durée de 30 ou 40 années (2).

---

(1) Voir notamment Guillouard, *Du Louage*, II, nᵒˢ 710 et suivants.

(2) Aubry et Rau, *Droit civil*, II, § 372, p. 513 ; — Guillouard, II, nᵒ 710. Cass. ch. civ., 19 déc. 1860, D., 64, 1, 115 ; — Lyon, 19 déc. 1867, D., 69, 2, 30.

105. — Mais le plus souvent, surtout dans les campagnes, le louage de services se fait sans convention. Quelle durée doit-on lui assigner dans ce cas ? Suivant l'article 15, on doit suivre l'usage des lieux.

Mais remarquons bien que ce n'est qu'en l'absence de toute convention que l'article 15 reçoit application. Si donc, soit le maître, soit le domestique argue de l'existence d'une convention, il y a lieu tout d'abord d'en rechercher les stipulations ; c'est d'ailleurs à celui qui l'invoque à la prouver.

Il serait difficile d'établir une règle certaine sur la durée ordinaire des engagements, suivant les usages locaux ; ils sont susceptibles, en effet, de varier à l'infini (1).

Cependant, en général, pour les domestiques attachés à la culture, et généralement à ce qui tient à l'exploitation des fonds et aux travaux de la campagne, on admet que l'engagement est fait pour une année, à moins d'usage local bien établi : on se fonde sur la nécessité de faire les travaux d'agriculture dans un temps et dans un ordre déterminé qui, pour l'ordinaire, est d'un an (2).

Pour les domestiques attachés exclusivement à la personne du maître, on n'attribue aucune durée déterminée à leur engagement : cela tient à la nature même de leurs services. On leur reconnaît donc, ainsi qu'à leur maître, le droit de résoudre à leur volonté le contrat, mais en prévenant, en donnant congé un certain nombre de jours à l'avance ; ce nombre varie suivant les usages des lieux.

Pour les ouvriers ruraux, c'est-à-dire pour les gens

(1) Voir à ce sujet CLÉMENT, *Étude sur le droit civil rural,* n⁰ˢ 180 et suivants.
(2) TROPLONG, n⁰ 861 ; — Bordeaux, 3 juin 1867, D., 68, 5, 279.

engagés pour un travail spécial, la durée du louage se détermine par la nature même des services. Ainsi, un propriétaire loue un ouvrier pour faire la récolte ; la récolte finie, le contrat cesse.

106. — L'expiration du délai fixé par la convention ou par l'usage des lieux amène nécessairement l'extinction des obligations résultant du contrat de louage de services. Mais, lorsque le domestique ou l'ouvrier, à l'expiration du temps fixé, continue à donner ses services avec l'agrément du maître, ils sont censés contracter, par voie de tacite reconduction, un nouvel engagement aux mêmes conditions que celui qui vient de finir : quant à sa durée, les uns lui assignent celle du contrat primitif (1) ; les autres, celle déterminée par l'usage des lieux (2).

107. — En dehors de l'expiration du temps fixé, il existe d'autres *causes qui mettent fin au contrat de louage de services.* Nous les analyserons sommairement. Ainsi, il faut citer :

1° Le cas où l'une des parties manque à son engagement. De la part du maître, ce sera, par exemple, des mauvais traitements exercés sur son domestique, des injures grossières, un manque ou une insuffisance de nourriture. De la part du domestique, un refus d'obéissance, un manquement grave à ses devoirs (3).

2° Le cas de force majeure : mais la jurisprudence se montre, en général, très sévère dans l'appréciation de la force majeure (4).

(1) DUVERGIER, IV, 300.
(2) TROPLONG, n° 881.
(3) AUBRY et RAU, IV, § 362, p. 514 ; — GUILLOUARD, II, p. 252.
(4) Cass., 17 mai 1874, D., 74, 1, 420 ; — Nancy, 14 juillet 1871, D., 71, 2, 158.

3º Enfin, la mort de l'une ou de l'autre des parties. Dans ce cas, le domestique ou ses héritiers n'ont évidemment droit qu'au prorata des salaires, calculé jusqu'au jour du décès du maître ou du domestique.

Mais, ces cas exceptés, le domestique ne peut pas plus quitter son maître que le maître ne peut renvoyer son domestique avant l'expiration du délai, sous peine d'être condamné à des dommages-intérêts pour violation du contrat (1).

108. — Rappelons qu'aux termes de l'article 5 de la loi du 25 mai 1838, les juges de paix connaissent, sans appel jusqu'à la valeur de 100 francs, et à charge d'appel, à quelque valeur que la demande puisse s'élever, de toutes les contestations relatives aux engagements respectifs des gens de travail au jour, au mois ou à l'année et de ceux qui les emploient ; des maîtres ou des domestiques ou gens de services à gages.

(1) GUILLOUARD, II, nº 712 et suivants ; — HENRION DE PANSEY, ch. 30.

TABLE DES MATIÈRES

SECTION I

Des droits de parcours et de vaine pâture.

§ Ier

CONSIDÉRATIONS GÉNÉRALES

§ II

SUPPRESSION DES DROITS DE PARCOURS ET DE VAINE PATURE

§ III

RÉGLEMENTATION DE LA VAINE PATURE DANS LES LOCALITÉS OU ELLE SERA MAINTENUE

1° *Propriétés soumises à la vaine pâture.*

§ IV

DE LA VAINE PATURE ÉTABLIE A TITRE PARTICULIER

§ V

DES ACTIONS RELATIVES A LA VAINE PATURE

SECTION II

Du ban des vendanges.

SECTION III

Vente de blés en vert.

SECTION IV

Louage des domestiques et ouvriers ruraux.

PARIS. — SOCIÉTÉ D'IMPRIMERIE PAUL DUPONT

www.ingramcontent.com/pod-product-compliance
Ingram Content Group UK Ltd.
Pitfield, Milton Keynes, MK11 3LW, UK
UKHW022042070726
13613UKWH00002B/643